AURELIUS AUGUSTINUS

DER ERSTE JOHANNESBRIEF

CHRISTLICHE MEISTER

72

AURELIUS AUGUSTINUS

DER ERSTE JOHANNESBRIEF

Eingeleitet und übersetzt von
Susanne Greiner

JOHANNES

Druck: Stückle, Ettenheim
ISBN 978 3 89411 464 0

INHALT

EINFÜHRUNG

Datierung und Textgestalt des Werkes

So wie heute über die theologische Verwandtschaft zwischen dem Johannesevangelium und den Briefen des Evangelisten kein Zweifel besteht,[1] *so hat sich als wahrscheinliches Entstehungsdatum dieser zehn Predigten (1 Joh 1,1 bis 5,3) das Jahr 407 durchgesetzt. Der Prolog zu den Predigten situiert sie noch genauer: Es ist die Zeitspanne zwischen Ostern und Christi Himmelfahrt, in die Augustinus seine Betrachtung des Ersten Johannesbriefes einschieben will. Die Feier des Triduums mit ihren festgeschriebenen liturgischen Texten hatte eine Unterbrechung der Auslegung des Johannesevangeliums gemäß der Leseordnung mit sich gebracht, aber Augustinus verspricht seiner Gemeinde nicht nur, sich bald erneut dem Evangelium zuzuwenden, sondern stellt zugleich fest, dass diese Unterbrechung keine Entfernung bedeuten wird: Dieser Brief ist für all die anziehend, «deren Herz einen unverdorbenen Gaumen hat, um das Brot Gottes zu schmecken», denn Johannes spricht «fast nur über die Liebe».*

[1] *Vgl.* Das Neue Testament, *übersetzt und erläutert von Konstantin Rösch, Paderborn (Verlag Ferdinand Schöningh) 1946, 488;* Jerusalemer Bibel, *hrsg. von Diego Arenhoevel, Alfons Deissler, Anton Vögtle, Freiburg·Basel·Wien (Verlag Herder) 1968,1494. Klaus Wengst,* Der erste, zweite und dritte Brief des Johannes, *Würzburg (Gütersloher Verlagshaus) 1978, 24: «Zwischen Brief und Evangelium ist in sprachlicher und sachlicher Hinsicht eine außerordentliche große Nähe unverkennbar.» Rudolf Schnackenburg,* Die Johannesbriefe, *Freiburg (Verlag Herder) 1953, 30, stellt zum Verhältnis von Johannesevangelium und Johannesbrief fest: «Gegenüber den von den Kritikern aufgezeigten Abweichungen sind die Übereinstimmungen beider Schriften in Wortschatz, Phraseologie und Stil so bedeutend, dass der Annahme eines gemeinsamen Autors von dieser Seite her nichts im Wege*

H. Biedermann bringt das Jahr 407 mit dem Schisma des Donatus in Verbindung und sieht im Kommentar des Kirchenlehrers zum Ersten Johannesbrief auch «Zeichen der Auseinandersetzung»[2] mit den Donatisten[3]. Dieser als häretisch verurteilten Sekte ging es vor allem um die Frage, wie sich die Heiligkeit der Kirche mit ihren moralisch unvollkommenen Amtsträgern vereinbaren lässt, die aufgrund ihrer mangelnden Würde nach Meinung dieser Irrlehrer nicht befugt waren, Sakramente zu spenden: Sie erkannten die katholische Taufe nicht an und führten für die Konvertiten eine eigene Taufe ein. Unzählige Male in seinem Leben[4] beklagt Augustinus kompromisslos ihren Mangel an brüderlicher Liebe, der sich im Laufe der Auseinandersetzung in Hass wandelt und sie die Kirche verlassen lässt. Es war für den Kirchenvater über Jahre eine schmerzliche Erfahrung, entgegen anderslautenden Beteuerungen der

stehen dürfte.» Im Winter 406/407 kommentiert der Kirchenvater vom Johannesevangelium die Perikopen 1-4 (Traktate I-XVI), dann wendet er sich bei seinen Predigten dem Ersten Johannesbrief zu.

2 *Augustinus,* Unteilbar ist die Liebe. *Predigten des heiligen Augustinus über den ersten Johannesbrief. Eingeleitet und übersetzt von Hermenegild M. Biedermann OSA, Würzburg (Augustinus-Verlag) 1986, 173. Das donatistische Schisma lässt sich bis ins zweite Jahrhundert zurückverfolgen und hat zu Lebzeiten des heiligen Augustinus bereits eine gewaltige Verbreitung erfahren.*

3 *Zum Entstehen und zur religiösen Begründung des Donatismus vgl. Bernhard Kriegbaum,* Kirche der Traditoren oder Kirche der Märtyrer? *Die Vorgeschichte des Donatismus, Innsbruck / Wien (Tyrolia Verlag) 1986, besonders 152ff. Weiterhin: Gustave Bardy,* Saint Augustin. L'homme et l'œuvre, Paris (Desclée de Brouwer) ^{7}1948, 325-350; *Pamela Bright,* Église d'Afrique du Nord de 312 à 430, *in: Alain Fitzgerald,* Saint Augustin. La Méditerranée et l'Europe IVe -XXIe, *Paris (Éditions du Cerf) 2005, 504-512, besonders 510.*

4 *Natürlich bot auch der Johannesbrief dem Kirchenlehrer reichlich Gelegenheit, sich mit Häretikern oder «Antichristen» auseinanderzusetzen: Schon der Apostel Johannes hatte eine Gegnerschaft vor sich*

Donatisten – glaubten doch die Häretiker an die Menschwerdung Christi – die kirchliche Einheit zerbrechen zu sehen: «Besteht diese Einheit noch», hält er entgegen, «was sollen dann aber in dieser Stadt zwei Altäre? Warum gibt es geteilte Familien, getrennte Ehepaare? Was bedeutet, ein gemeinsames Bett zu haben, aber keinen gemeinsamen Christus?»[5]. Die Donatisten haben die pfingstliche Geistsendung verworfen, die das Erklingen vieler Sprachen bewirkt und so die verschiedenen Völker im Glauben und in der Liebe eint, sie wollten die Kirche auf ein einziges Land beschränken[6] und hätten um ihrer eigenen Ehre willen[7] die «Gemeinschaft mit ihm» (1 Joh 1,6), Christus, aufgekündigt[8]. Aus dieser und vielen anderen Aussagen im Kommentar des Augustinus lässt sich klar erkennen, wie stark die Präsenz der Donatisten zur Zeit seines bischöflichen Wirkens in Hippo gewesen ist und dass er die Predigten deutlich vor dem Jahr 411 gehalten haben muss.

Für den Brief des Evangelisten hat sich bis heute die Annahme einer Gliederung in drei große Abschnitte durchgesetzt[9], die sich im Kommentar Augustinus' allerdings nicht ohne weiteres wiederfinden lässt. Vielmehr fällt auf,

und erteilte seiner Gemeinde in schwieriger Zeit Zuspruch und Ermahnung.

[5] *III, 7.* [6] *Vgl. II, 3.* [7] *Vgl. VI, 13.*

[8] *Im Jahr 410 setzte ein von Kaiser Honorius erlassenes Edikt der Weigerung der Donatisten, an einer Konferenz teilzunehmen, ein Ende. Im Juni 411 wurde in Karthago ein feierliches Konzil in Anwesenheit von 286 katholischen und 279 donatistischen Bischöfen abgehalten. In der dogmatischen Debatte einigten sich die katholischen und donatistischen Bischöfe auf die katholische Glaubensüberzeugung, dass die Kirche, solange sie auf Erden besteht, ohne ihre Heiligkeit zu verlieren, Sünder um ihrer Bekehrung willen duldet.*

[9] *Klaus Wengst,* Brief des Johannes, *a.a.O., 28, bemerkt: «Die Komposition des 1 Joh ist recht locker; er unterliegt keinem straffen*

dass die Anzahl der kommentierten Verse im Verlauf der Predigten immer mehr abnimmt. Während Augustinus in der ersten Predigt dreißig Bibelverse (1 Joh 1,1-2,10) auslegt, sind es in der zehnten, einer vielleicht unvollendeten Predigt, gerade einmal noch drei (1 Joh 5,1-5,3) und in der neunten Predigt fünf (1 Joh 4,17-21). Der Kommentar wird also immer länger, ein Umstand, dessen sich der Kirchenlehrer sehr wohl bewusst ist, gesteht er doch sogar einmal ein, zu weitschweifig gewesen zu sein. Warum? Weil die Liebe wie ins Feuer gegossenes Öl in ihm lodert.[10]

AUGUSTINUS UND SEINE GEMEINDE

Augustinus ist als Seelsorger und Pädagoge[11] *in den Predigten zum Ersten Johannesbrief in ständigem Gespräch mit seiner (christlichen) Gemeinde von Hippo: Sie soll die ganze Lehre von Sünde und Liebe erfassen. Seine von ihm als «Brüder», als «eure Heiligkeit» oder in Anlehnung an den Evangelisten als «Geliebte» bezeichneten Zuhörer werden*

Gedankengang, sondern wenige Themen werden in leicht veränderter Form immer wieder behandelt. Versuche, in ihm eine kunstvolle Gliederung wiederzufinden, müssen als gescheitert gelten.»

10 *«Je mehr ich über die Liebe spreche», gesteht er, «desto weniger möchte ich die Auslegung dieses Briefes beenden. Keiner weiß mit größerem Feuer die Liebe zu empfehlen, nichts Süßeres kann euch gepredigt werden, nichts Heilsameres kann getrunken werden: Wenn ihr rechtschaffen lebt, stärkt ihr die Gabe Gottes in euch. Seid nicht undankbar gegenüber der großen Gnade dessen, der einen eingeborenen Sohn hatte, und nicht wollte, dass dieser allein sei, sondern, damit er Brüder habe, nahm er die an Kindesstatt an, die mit ihm das ewige Leben besitzen sollten.» VIII, 14.*

11 *Dany Dideberg,* Saint Augustin et la Première Épître de Saint Jean. *Une Théologie de l'Agapè. Préface d'Anne-Marie La Bonnardière, Paris (Éditions Beauchesne) 1975, 244f.*

in jeder Predigt immer wieder angesprochen[12], mit Fragen herausgefordert, zur Aufmerksamkeit ermahnt und aufgefordert, das Gehörte zu bedenken und daran festzuhalten. Er will die Gemeinde auf seinem Glaubensweg mitnehmen und an seiner Seite haben; auch im Begreifen «langsamere Brüder» sollen die christlichen Wahrheiten erkennen und nicht zurückgelassen werden. Zur Veranschaulichung seiner Gedanken greift Augustinus Geschehnisse aus dem täglichen Leben auf: So etwa das Wachstum der Bäume[13], das Einfädeln des Fadens in das Nadelöhr[14], das Erklingen zweier Flöten durch einen Hauch[15], die heranwachsenden Kälblein[16]. Nach ihm ist das, was die Gemeinde nicht nur einmal, sondern wiederholt hört, das Wort Gottes, Christus, der in ihren Herzen bleiben und wohnen will. Der Geist belehrt die Brüder, und ist der Lehrende nicht dem Wort – Christus – nahe, ist sein Klang wertloses Getöse. Sie sollten nicht meinen, so ist Augustinus absolut überzeugt, «etwas von einem Menschen lernen zu können».[17] Nach seiner Überzeugung kann niemand den Glauben in sich selbst oder in anderen erzeugen: Christus lehrt, seine Eingebung lehrt. Das Wort, das er lehrt und ist, muss bleiben als das Bleiben der Glaubenden in Christus. Es ist ein kostbarer Schatz, der zu hüten und zu pflegen ist, denn es will ein Leben lang wachsen und reifen. Dennoch ist sich der Kirchenlehrer seiner großen Aufgabe, das Wort

[12] Die Gemeinde reagiert mit Zurufen, Gelächter und Applaus (vgl. auch Augustinus, Das Antlitz der Kirche, Auswahl und Einleitung von Hans Urs von Balthasar, Freiburg (Johannes Verlag Einsiedeln) 1991, 24).

[13] V, 10.

[14] IX, 4.

[15] IX, 5.

[16] IX, 1.

[17] III, 13. Vgl. dazu auch: Ernst Dassmann, Augustinus, Heiliger und Kirchenlehrer, Stuttgart (Kohlhammer) 1993, 45f.

Gottes zu predigen, bewusst; wie auch der Apostel Paulus bittet er mehrfach seine Gemeinde, für ihn zu beten.

Gott ist Liebe

Das Thema des ersten Johannesbriefes ist die Liebe. Gott ist Liebe und er kann Liebe sein, weil er in der dreifaltigen Beziehung eines Wesens ist. Er könnte nicht ein einziger liebender Gott sein, wäre er nicht ein trinitarischer Gott: «Gott ist Liebe, weil der Vater, der Sohn und der Heilige Geist eins sind»[18], sagt Augustinus, und Christus muss als wesensgleich mit seinem himmlischen Vater erkannt werden.[19] Teodoro H. Martín verweist in diesem Zusammenhang in seinen «Ideas Claves» zuerst auf eine trinitarische Perspektive der Predigten, was ihm auch durch ihr gleichzeitiges Entstehungsjahr mit einem Hauptwerk des Kirchenlehrers, der Schrift «De Trinitate», legitim zu sein scheint. Aber während Augustinus dort den Zusammenhang zwischen Trinität und Liebe in der Aussage gipfeln lässt: «Du siehst die Trinität, wenn du die Liebe siehst»[20], liefern die Predigten lediglich einige zerstreute Belege für diese trinitarische Perspektive, die nicht weiterentwickelt wird. Paul Agaësse nennt die Predigten eher pastoral als dogmatisch.[21]

[18] *X, 5; VII, 6.*

[19] *III, 2.*

[20] De Trinitate *VIII, 8, 12, zitiert nach Teodoro H. Martín, in: Agustín de Hipona,* Tractatus in Epistolam Joannis ad Parthos. *Tradujeron Teodoro H. Martín y José María Hernández sobre el original latino Tractatus in Epistolam Joannis ad Parthos. Introducción de Teodoro H. Martín, Salamanca / España (Ediciones Sígueme) 2002, 12.*

[21] *Paul Agaësse,* Commentaire de la Première Épître de S. Jean. *Texte Latin, Introduction, Traduction et Notes. Paris (Les Éditions du Cerf) 1961, 39.*

Das Geheimnis des dreifaltigen Gottes, einer Dreiheit in der Einheit, erschließt sich dennoch auch ansatzweise in diesen Predigten: Die Menschwerdung des Sohnes Gottes ist ein Akt der Liebe Gottes des Vaters gegenüber seinem Sohn und gegenüber den Menschen. Christus wird Mensch, um uns von unseren Sünden loszukaufen, er ist für uns im Fleisch gekommen, um für uns zu sterben und uns seine große Liebe zu lehren.[22] *Nur aus Liebe ist er gekommen – «er hat uns zuerst geliebt und wir lieben ihn so nicht»*[23] *–, um unser menschliches Leben zu teilen, um uns mit seiner Menschwerdung vorzuleben, wie man als Mensch, als unser Bruder, in Gott leben und bleiben kann. Deshalb stellt Hans Urs von Balthasar fest: «Die Menschwerdung Gottes im Menschen Christus ist daher notwendig eine (…) Verbindung Gottes mit dem corpus humanum überhaupt»*[24]*. Das bedeutet, unser Bild des Menschen muss an Christus Maß nehmen: Alles, was der Herr auf Erden lebt und leidet, wird ein Beispiel für den ihm nachfolgenden Christen; denn der Herr, der uns Sünder, seine Feinde, geliebt hat, ist uns ähnlich geworden.*

Da Gott Liebe ist, «müssen auch wir einander lieben» (1 Joh 4,11) und auf seine uns entgegenkommende Liebe antworten. Damit wir lieben können, sucht er uns mit seiner Gnade heim. So steht der Mensch im Dienst dieser göttlichen Liebe: Der Evangelist hat das ewige Leben, die Sendung des Erlösers, gesehen und muss Zeugnis geben, um Gemeinschaft mit ihm zu haben: «Nur in der Gemeinschaft mit Gott ist Heil»[25]*, kommentiert Augustinus. Und diese Gemeinschaft mit ihm verlangt von jedem Christen*

22 *VI, 13.*
23 *VII, 7.*
24 *Augustinus,* Das Antlitz der Kirche, *a.a.O., 15.*
25 *I, 5.*

nicht nur ein Festhalten an den katholischen Glaubenswahrheiten, sondern sie ruft ihn in die radikale Nachfolge Christi: «So liebe deine Feinde, damit sie zu Brüdern werden und in deine Gemeinschaft gerufen werden.»[26] *Die Bruderliebe kennt keine Überheblichkeit, keinen Neid, keinen Hass; sie orientiert sich an der Liebe Gottes und sollte eins mit ihr sein. Wie der Kirchenlehrer betont, zieht sie keine Grenzen, schließt niemanden und nichts aus, sondern wächst am konkreten Werk wie ein guter Samen, der nicht ersticken, sondern gedeihen will*[27]*. Wer gegen diese Liebe handelt, der handelt gegen Gott.*

Die Echtheit der Liebe zu Gott und zum Mitmenschen findet ihren Ausdruck am konkreten Werk der Barmherzigkeit, das in rechter Gesinnung nur die Frucht des Glaubens, nicht aber des Unglaubens sein kann. Augustinus kommt immer wieder darauf zu sprechen, wie sich der Christ gegenüber dem leidenden Mitmenschen verhalten soll. «Der Anfang der Liebe ist, dass einer einem Notleidenden, der irgendwelchen Ängsten ausgesetzt ist, aus seinem Überfluss zuteilt»[28]*, aber das ist eben erst der Anfang, denn, so fordert der Bischof seine Gemeinde gedanklich heraus: Wie können wir wissen, dass unsere guten Taten nicht vom Hochmut geleitet werden?*[29] *Die liebende Gesinnung muss das Motiv allen Handelns sein, damit das Liebeswerk wachsen kann, bis zur Bereitschaft, das Leben für den Bruder hinzugeben. «Die Liebe hat Hände, die sich zu den Armen ausstrecken. Sie hat Augen, denn mit ihnen erkennt sie die Notleidenden».*[30] *Und sie muss aufrichtig und rein*

[26] *I, 9.*
[27] *Vgl. II, 9.*
[28] *VI, 1.*
[29] *Vgl. VIII, 9.*
[30] *VII, 10.*

sein: «Wenn du einen Armen beschenkst, willst du dich etwa ihm gegenüber erheben und dir den unterwerfen, der Urheber deiner Wohltat ist?»[31] *Ein solcher Hochmut widerspräche der dem Bruder und Gott geschuldeten Liebe. Wird man für die Barmherzigkeit gelobt, so wisse man: Gott wird im Menschen gelobt, der in ihm wirkt.*[32] *Im gegenteiligen Fall: «Wütet ein Mensch gegen dich? Er wütet, du bete, er hasst, du habe Erbarmen. Mit der Glut seiner Seele hasst er dich, er wird gesund werden und dir danken»*[33]*, denn er lernte von deiner Liebe, er wird durch deine Liebe gefördert. So findet die Liebe Christi Nachahmung, indem auch der Feind sie wahrnimmt und ermutigt wird, sie umzusetzen.*

Der Vollzug der Werke ist, wie bereits dargelegt, engstens mit dem Glauben an die Menschwerdung Christi und mit der Liebe zu den Brüdern verbunden. Christus, im Fleisch gekommen, ist das Haupt der Kirche; als Haupt ist er durch den Heiligen Geist mit den Gliedern verbunden und liebt sie, so wie auch die Glieder untereinander in liebender Verbundenheit mit dem Haupt stehen sollen.[34] *«In Christus zu sein bedeutet, in den Gliedern und in der Kirche zu sein»,*[35] *«die Kirche vereint sich mit dem Fleisch und bildet den ganzen Christus: Haupt und Glieder».*[36] *Die Antichristen und Gottlosen sind Liebhaber dieser Welt; als Ungläubige haben sie den Heiligen Geist nicht und können Christus, den sie verneinen, nicht in der Gestalt*

31 *VIII, 5.*

32 *Vgl. VIII, 2.*

33 *VIII, 11.*

34 *X, 3. «Denn wenn die Glieder sich gegenseitig lieben, liebt sich der Leib.»*

35 *IX, 11.*

36 *I, 2.*

Gottes sehen; erst am Tage des Gerichts werden ihre Augen geöffnet werden.

Die kirchliche Einheit

Neunundsechzigmal verwendet Augustinus in seinen Predigten den Begriff der Kirche: Was sagt er über sie? Welches Kirchenbild, welche kirchliche Lehre liegt seinen Predigten zugrunde?

Das große Anliegen ist dem Bischof von Hippo die (sichtbare) Einheit der Kirche, die er theologisch auf verschiedenen Ebenen darlegt. Da ist die seit der Antike bekannte und bereits genannte Metapher vom Leib und den verschiedenen Gliedern (vgl. 1 Kor 12,12ff.), die durch die Taufe eine Gemeinschaft oder eine Gemeinde, «corpus Christi», geworden sind. «Denn die Söhne Gottes sind der Leib des eingeborenen Sohnes Gottes, und weil er das Haupt und wir die Glieder sind, ist der Sohn Gottes einer. Wer also die Söhne Gottes liebt, liebt den Sohn Gottes, und wer den Sohn Gottes liebt, liebt auch den Vater. Niemand kann den Vater lieben, wenn er nicht den Sohn liebt, und wer den Sohn liebt, liebt auch die Söhne Gottes. Welche Söhne Gottes? Die Glieder des Sohnes Gottes.»[37] Die Glieder, die über den ganzen Erdkreis zerstreut sind, bilden die eine Kirche. Die paulinische Ausgestaltung dieses Bildes, dass ein jedes Glied eine besondere Funktion am Leib Christi hat und die Glieder einander bedürfen, deutet der Kirchenvater dagegen in dieser Schrift nicht weiter aus.

Eine weitere Wirklichkeit der Kirche spiegelt sich im bekannten Gleichnis von Braut und Bräutigam. Im Fleisch

[37] *X, 3.*

sind der Bräutigam-Christus und die Braut-Kirche hochzeitlich verbunden; bis zum Tod am Kreuz erniedrigt sich der Bräutigam im Erstlingsopfer für seine sündige Braut. «Wo war die Opfergabe?», fragt der Prediger, «wo fand er das reine Opferlamm, das sich opfern wollte? Es gab keines und so opferte er sich selbst.»[38] *Der Bräutigam, so liest man, musste leiden, bevor die Braut zur Hochzeit, das heißt zur liturgischen Feier, kommen kann.*[39] *Dann aber, wenn das Brot gebrochen wird, öffnen sich die Augen der Jünger und sie erkennen ihn (vgl. Lk 24,31).*[40] *Im Opfer Christi wird die Kirche zum Sakrament des Leibes Christi, zur Eucharistie, welche die kirchliche Einheit in der sichtbaren Gemeinschaft bildet und garantiert.*

Die Kirche als Braut Christi ist auch Mutter, «und ihre Brüste sind die beiden Testamente»[41]*. Im Alten Testament hält die Braut in Rätseln und Bildern bereit, was sich im Neuen Testament erfüllen wird. So offenbart sich der überzeitliche Charakter der Kirche. Die Milch, so lässt sich dieses Bild erklären, «diese typisch lautere Gabe, umsonst geschenkt von einer Mutter, symbolisiert die Gnade, die wir aus der Brust der Mutter Kirche trinken».*[42] *Im Trinken der Milch erschließen sich dem Glaubenden mehr und mehr die Geheimnisse des ewigen Heils.*

Hans Urs von Balthasar hat in seiner Auswahl aus dem augustinischen Predigtwerk einer Textgruppe die Überschrift «Kirche als Liebe» gegeben.[43] *Diese Liebe, die die Zuge-*

38 *VII, 9.*

39 *Vgl. II, 2.*

40 *Vgl. ebd.*

41 *III, 1.*

42 *Van der Meer,* Augustinus der Seelsorger. *Leben und Wirken eines Kirchenvaters, Köln (Verlag J.P. Bachem) 1951, 434.*

43 *A.a.O., 7.*

hörigkeit zum Leib Christi sicherstellt, hat also eucharistischen Charakter: Christus verschenkt und verteilt sich, seine Liebe, für uns, und ihm nachfolgend ist jeder Christ aufgerufen, Gott verfügbar zu sein, Haus Gottes, Wohnstatt Gottes zu sein und so im Heiligen Geist die Einheit der über den ganzen Erdkreis verbreiteten Kirche zu fördern: «Halten wir an der Einheit der Kirche fest, an Christus, an der Liebe».[44]

Die zehn Predigten über den ersten Johannesbrief werden hier ungekürzt dargeboten. Diesen Umstand mag mancher Leser nach begonnener Lektüre als Zumutung empfinden, denn Augustinus kennt nur ein Thema – die Liebe. Durch die permanente Wiederholung dieser «Grundbefindlichkeit des Christen schlechthin»[45] *kann zum einen der Eindruck der Langatmigkeit und der fehlenden Stringenz entstehen, zum anderen lässt sich der das Thema erläuternde Gedankengang nicht immer mühelos nachvollziehen. Das gilt sowohl für die Unterkapitel einer Predigt als auch für Assoziationen des Kirchenvaters innerhalb dieser Unterkapitel. Es wurde versucht, auf den ersten Blick befremdlich Erscheinendes zu erklären und in Fußnoten einen historischen oder biblischen Zusammenhang erneut ins Gedächtnis zu rufen. – Sicher stellt jedoch die Lektüre des Kommentars des ersten Johannesbriefes einen Gewinn für unsere Zeit dar: Wird doch das Maß unserer Liebe zu Gott durch das Maß unserer Liebe zur Kirche gegeben.*

Am Hochfest des heiligen Augustinus 2023

[44] *IX, 11.*
[45] *Hermenegild M. Biedermann,* Unteilbar, *a.a.O., 16.*

DER ERSTE JOHANNESBRIEF

Prolog

Eure Heiligkeit[1] erinnern sich, dass wir nach der laufenden Leseordnung gehalten sind, das Johannesevangelium zu erläutern. Da nun die Feier der heiligen Tage dazwischenkam, für die in der Kirche gewisse Lesungen aus dem Evangelium festgelegt sind, die im jährlichen Ablauf nicht ersetzt werden können, mussten wir das begonnene Programm unterbrechen, aber das bedeutet nicht, dass es aufgegeben wurde.

Als ich überlegte, welchen Text aus der Heiligen Schrift ich euch – mit Hilfe des Herrn – in der Osterfreude dieser Tage und im Verlauf dieser Woche auslegen sollte, so dass die Auslegung in sieben oder acht Tagen abgeschlossen sei, kam mir der Brief des heiligen Johannes in den Sinn. So unterbrechen wir sein Evangelium für einen Moment. Indem wir den Brief auslegen, entfernen wir uns aber nicht von ihm, weil dieser Brief für all diejenigen anziehend ist, deren Herz einen unverdorbenen Gaumen hat, um darin Gottes Brot zu schmecken. Er ist in der Kirche Gottes höchst bedenkenswert und empfiehlt am meisten die Liebe. Es wird viel gesagt, und fast ausschließlich nur von der Liebe. Wer das Gehörte aufzunehmen vermag, kann sich darüber nur freuen. Denn diese Lesung wird für ihn wie ins Feuer gegossenes Öl sein: Wenn da etwas ist, was genährt werden kann, wird

[1] Als «Sanctitas vestra» redet Augustinus seine Hörer an. Sie repräsentieren für ihn die heilige katholische Kirche. Vgl. Paul Agaësse, *Commentaire*, a.a.O., 104.

es genährt und wächst und bleibt. Wie die Flamme zum Zunder strebt, so muss sie für die wirken, die zuvor nicht brannten: Sie werden von der glühenden Predigt mitgerissen. In den einen entzündet sich, was schon da ist, in den anderen wird noch Fehlendes entflammt, damit alle sich einer Liebe erfreuen. Wo aber Liebe ist, da ist Frieden, und wo Demut ist, da ist Liebe. Nun wollen wir den Apostel Johannes hören, und zu seinen Worten wollen wir, was der Herr uns eingibt, auch zu euch sprechen, damit ihr sie gut versteht.

ERSTE PREDIGT[1] zu 1 Joh 1,1-2,11

Durch den Glauben können wir zum Fleisch gewordenen Wort gelangen, von ihm erleuchtet werden und das Leben haben, wenn wir in Demut unsere Sünden bekennen und die Bruderliebe leben.

Das Wort ist Fleisch geworden

Was von Anfang an war, was wir gehört haben, was wir mit unseren Augen gesehen haben, was wir geschaut und was unsere Hände berührt haben, das Wort des Lebens (1 Joh 1,1). Wer ist es, der mit seinen Händen das Wort berührt, weil *das Wort Fleisch ward und unter uns wohnte* (Joh 1,14)? Aber dieses Wort, das Fleisch ward, um mit den Händen berührt zu werden, nahm aus der Jungfrau Maria Fleisch an, doch damals nahm das Wort nicht erst seinen Anfang, weil Johannes gesagt hat, dass *es von Anfang an war.* Seht, ob Johannes seinen Brief nicht durch sein Evangelium bestätigt, aus dem ihr eben vernommen habt: *Am Anfang war das Wort und das Wort war bei Gott* (Joh 1,1). Vielleicht könnte einer annehmen, das Wort des Lebens sei eine gewisse Weise, über Christus zu sprechen, und nicht der Leib Christi selbst, der mit Händen berührt wurde. Seht, was folgt: *Das Leben ist erschienen* (1 Joh 1,2). Christus ist also das Wort des Lebens. Und wie ist es erschienen? Es war von Anfang an, aber es war den Menschen nicht erschienen; es war jedoch den Engeln erschienen, die es sahen und sein Brot gleichsam zur Speise nahmen. Was aber sagt die Schrift? *Das Brot der Engel aß der Mensch* (Ps 77,25). Also ist das

[1] Gehalten am Ostersonntag im Jahr 407.

Leben selbst im Fleisch erschienen, denn in der Erscheinung liegt, dass, was nur das Herz sehen kann, auch mit den Augen geschaut werde, damit die Herzen geheilt werden. Nur mit dem Herzen sieht man das Wort, mit den leiblichen Augen sieht man das Fleisch. Wir konnten das Fleisch sehen, nicht aber das Wort: Das Wort ist Fleisch geworden, das wir sehen sollen, damit in uns geheilt werde, womit wir das Wort sehen können. [I, 1]

Wir haben gesehen

Wir haben gesehen und sind Zeugen (1 Joh 1,2). Vielleicht wissen einige Brüder, die die griechische Sprache nicht beherrschen, nicht, was Zeugen sind; der Begriff ist vor allem auch im religiösen Zusammenhang gebräuchlich: Die wir im Lateinischen Zeugen nennen, sind im Griechischen Märtyrer. Wer aber hat nicht von Märtyrern gehört oder wessen christlicher Mund spricht nicht täglich vom Martyrium? Wäre der Begriff doch auch in unseren Herzen gegenwärtig, damit wir die Leiden der Märtyrer nachahmen, sie nicht mit Füßen treten.

Wir haben gesehen und sind Zeugen: Wir haben gesehen und sind Märtyrer. Denn das Zeugnis über das, was sie gesehen haben, und das Zeugnis über das, was sie von Augenzeugen gehört haben, weil das Zeugnis den Menschen missfiel, an die es sich richtete, ließ sie alles ertragen, was die Märtyrer ertragen haben. Die Märtyrer sind Zeugen Gottes. Gott wollte Menschen als Zeugen haben, damit auch die Menschen Gott zum Zeugen haben. *Wir haben gesehen und sind Zeugen*, sagt Johannes. Wodurch haben sie gesehen? Durch die Offenbarung. Was heißt das, durch die

Offenbarung? Wie durch die Sonne, in diesem Licht. Wodurch aber konnte der im Licht der Sonne gesehen werden, der die Sonne schuf? Doch nur, weil er *in die Sonne sein Zelt gestellt hat und wie ein Bräutigam aus seinem Gemach hervorgeht, jubelt wie der Held, der seine Bahn durchläuft* (Ps 18,6). Der die Sonne schuf, ist vor der Sonne, vor dem Morgenstern, vor allen Gestirnen, vor allen Engeln. Er ist der wahre Schöpfer, weil alles durch ihn und nichts ohne ihn geworden ist (vgl. Joh 1,3). Damit er auch mit den leiblichen Augen, die die Sonne sehen, gesehen werde, stellte er sein Zelt in die Sonne, das heißt, er zeigte sein Fleisch in der Klarheit dieses Lichtes: und das Gemach jenes Bräutigams ist der Schoß der Jungfrau gewesen, weil im jungfräulichen Schoß sich zwei verbunden haben, der Bräutigam und die Braut, das Wort und das Fleisch, denn es steht geschrieben: *Und sie werden zu einem Fleisch* (Gen 2,24); und der Herr sagt im Evangelium: *Also sind sie nicht mehr zwei, sondern ein Fleisch* (Mt 19,6). Und Jesaias erinnert passend dazu, dass diese zwei einer sind, wenn er von der Person Christi spricht: *Wie der Bräutigam sich den Kopfschmuck aufsetzt und die Braut sich schmückt mit ihrem Geschmeide* (Jes 61,10). Hier scheint einer zu sprechen und erklärt sich sowohl zum Bräutigam als auch zur Braut, weil sie *nicht zwei, sondern ein Fleisch sind*, weil *das Wort Fleisch geworden ist und unter uns gewohnt hat.* Die Kirche vereint sich mit dem Fleisch und bildet den ganzen Christus: Haupt und Glieder. [I, 2]

Wir sind Zeugen

Wir sind Zeugen und verkündigen euch das ewige Leben, das beim Vater war und in uns erschienen ist (1 Joh 1,2), das heißt, unter uns; klarer wäre, uns erschienen ist. *Was wir nun gesehen und gehört haben, das verkündigen wir euch.* Eure Liebe habe Acht: *Was wir nun gesehen und gehört haben, das verkündigen wir euch.* Jene sahen den Herrn selbst gegenwärtig im Fleisch und hörten die Worte aus seinem Mund und verkündigten sie uns. Also haben auch wir gehört, aber nicht gesehen. Sind wir deshalb weniger glücklich als jene, die sahen und hörten? Und warum fügte Johannes hinzu: *Damit auch ihr Gemeinschaft habt mit uns?* Jene sahen, wir nicht, und trotzdem sind wir durch einen gemeinsamen Glauben verbunden. Einer glaubte auch sehend nicht und wollte tasten, um zum Glauben zu kommen. Er sagte: *Wenn ich nicht meinen Finger in das Mal der Nägel lege und seine Wunden nicht berühre, werde ich nicht glauben* (Joh 20,25). Der Herr erlaubte, dass er mit menschlichen Händen ertastet werde, er, der sich stets dem Anblick der Engel zeigt. Der Jünger tastete und rief: *Mein Herr und mein Gott* (Joh 20,28). Weil er den Menschen ertastete, bekannte er Gott. Und der Herr tröstet uns, die wir ihn, der schon im Himmel ist, nicht mit Händen ertasten, sondern im Glauben ergreifen können, indem er sagt: *Du hast geglaubt, weil du gesehen hast: Selig, die nicht sehen und doch glauben* (Joh 20,29). Damit werden wir beschrieben und bezeichnet. In uns herrscht diese Seligkeit, die der Herr für die Zukunft vorhergesagt hat. Halten wir fest, was wir nicht sehen, weil jene, die sehen, es uns verkünden. *Damit auch ihr Gemeinschaft habt mit uns.* Was ist es Besonderes, Gemeinschaft mit Menschen zu haben? Verachte sie nicht, schau, was hinzugefügt wird: *Unsere Gemeinschaft ist Gemeinschaft mit dem Vater und mit seinem Sohn Jesus Christus. Und dies schreiben wir, damit eure Freude vollkommen sei* (1 Joh 1,3-4). Die Freude ist vollkommen eben in der Gemeinschaft, in der Liebe und der Einheit. [I, 3]

GOTT IST LICHT

Das ist die Botschaft, die wir von ihm gehört haben und euch verkündigen (1 Joh 1,5). Was heißt das? Sie sahen und betasteten mit ihren Händen das Wort des Lebens, das von Anfang an war, den eingeborenen Sohn Gottes, der in der Zeit sichtbar und betastbar geworden ist. Wozu kam er oder was hat er uns Neues verkündet? Was wollte er uns lehren? Warum tat er, was er tat: das Wort wurde Fleisch, damit Gott von den Menschen nur Unwürdiges erlitt: Backenstreiche von denen ertrug, die er selbst mit seinen Händen geformt hatte? Was wollte er uns lehren, offenbaren, verkünden? Vernehmen wir es, denn ohne die Frucht der Unterweisung, dass Christus geboren wurde und gelitten hat, ist das Hören dieser Ereignisse nur ein Zerstreuungsmittel, keine Bereicherung des Verstandes[2]. Was vernimmst du Bedeutendes? Schau, welche Frucht du daraus ziehst. Was wollte der Apostel lehren, verkünden? Vernimm: *Gott ist Licht, und Finsternis ist keine in ihm* (1 Joh 1,5; vgl. Joh 8,12). Sicher, hier nannte er das Licht, aber die Worte sind dunkel; es ist gut, dass das Licht, das der Apostel nannte, unsere Herzen erleuchtet und wir sehen, wovon er spricht. Das ist unsere Botschaft, dass *Gott Licht ist, und Fin-*

[2] Die Unterweisung führt zum Glauben im Heiligen Geist; vgl. auch den Zusammenhang bei Henri de Lubac, *Glauben aus der Liebe.* «Catholicisme», übertragen und eingeleitet von Hans Urs von Balthasar, Freiburg (Johannes Verlag Einsiedeln) [4]2023, 67.

sternis ist keine in ihm. Denn wer wagte zu sagen, dass in Gott Finsternis ist? Aber was ist Licht, was ist Finsternis? Vielleicht meint einer, sie würden als solche von unseren leiblichen Augen erfasst. *Gott ist Licht:* Irgendjemand meint, auch die Sonne sei Licht, und der Mond und die Lampe seien Licht. Das Licht Gottes muss etwas weit Größeres, Vorzüglicheres, Überragenderes als diese Lichter sein. Wie Gott sich vom Geschöpf unterscheidet, der Schöpfer vom Geschöpf, die Weisheit von dem, was durch sie geworden ist, so muss dieses Licht weit über allem stehen. Und wir werden ihm nahe sein, wenn wir erkannt haben, was für ein Licht es ist, und uns mit ihm verbunden haben, damit wir von ihm erleuchtet werden. Denn in uns herrscht Finsternis, aber wenn wir von ihm erleuchtet werden, können wir Licht sein, aber ohne von ihm bestürzt zu werden, da wir von uns selbst bestürzt sind. Was bedeutet von sich selbst bestürzt zu sein? Sich als Sünder zu bekennen. Wer wird von dem Licht nicht bestürzt? Der von ihm erleuchtet wird. Was bedeutet, von ihm erleuchtet zu werden? Wer sich schon im Dunkel seiner Sünden sieht und verlangt, vom Licht erleuchtet zu werden, kommt zu ihm, wie der Psalm sagt: *Kommt zu ihm und ihr werdet erleuchtet und euer Angesicht soll nicht erröten* (Ps 33,6). Aber du wirst nicht davon erröten, wenn dir, sobald dir deine Hässlichkeit gezeigt wird, deine Schändlichkeit missfällt, so dass du die Schönheit jenes Lichtes wahrnimmst. Das will uns Johannes lehren. [I, 4]

Gemeinschaft mit Gott

Ist das vielleicht überstürzt, was wir sagen? Johannes zeigt es uns mit dem Folgenden. Erinnert euch an den Beginn unserer Predigt, dass nämlich dieser Brief zur Liebe ermahnt. *Gott ist Licht, und Finsternis ist keine in ihm.* Und was hatte er zuvor gesagt? *Damit auch ihr Gemeinschaft habt mit uns. Die Gemeinschaft mit uns aber ist Gemeinschaft mit dem Vater und mit seinem Sohn Jesus Christus.* Wenn nun Gott Licht ist und Finsternis keine in ihm ist, und wir mit ihm Gemeinschaft haben sollen und unsere Finsternis vertrieben ist, so dass Licht in uns ist, denn die Finsternis kann mit dem Licht keine Gemeinschaft haben: dann achte auf das Folgende: *Wenn wir sagen: Wir haben Gemeinschaft mit ihm, und gehen unseren Weg in der Finsternis, dann lügen wir* (1 Joh 1,6). Auch der Apostel Paulus fragt: *Was für Gemeinschaft hat das Licht mit der Finsternis?* (2 Kor 6,14). Du sagst, du habest Gemeinschaft mit Gott, und wandelst in der Finsternis, und *Gott ist Licht, und Finsternis ist keine in ihm:* wie ist Gemeinschaft zwischen Licht und Finsternis möglich?

Also frage sich der Mensch: Was kann ich tun? Wie werde ich Licht, der ich in Sünde und Ungerechtigkeit lebe? Dann macht sich eine gewisse Verzweiflung und Traurigkeit breit. Nur in der Gemeinschaft mit Gott ist Heil. *Gott ist Licht, und Finsternis ist keine in ihm.* Sünden aber sind Finsternis, wie der Apostel vom Teufel und seinen Engeln als Beherrscher dieser Finsternis sagt (vgl. Eph 6,12). Er würde sie nicht so nennen, wären sie nicht auch die Beherrscher der Sünde, die Machthaber über Ungerechtigkeit.

Was machen wir also, Brüder? Wir müssen Gemeinschaft mit Gott haben, es gibt keine andere Hoffnung auf das ewige Leben; aber *Gott ist Licht, und Finsternis ist keine in ihm:* Ungerechtigkeit aber ist Finsternis; wir werden von Ungerechtigkeit erdrückt, so dass wir nicht Gemeinschaft mit Gott haben können: Welche Hoffnung bleibt uns da? Hatte ich nicht versprochen, über etwas Freudvolles zu sprechen? Sonst herrscht diese Traurigkeit. *Gott ist Licht, und Finsternis ist keine in ihm;* denn Sünden sind Finsternis: Was geschieht mit uns? Hören wir, ob er nicht doch tröstet, aufrichtet, Hoffnung vermittelt, so dass wir auf unserem Weg nicht erliegen. Denn wir laufen, in die Heimat laufen wir, und wenn wir zweifeln, sie zu erreichen, erliegen wir dieser Verzweiflung. Der aber, der uns am Ziel sehen will, gibt uns Nahrung auf dem Weg.

Wenn wir sagen: Wir haben Gemeinschaft mit ihm, und gehen unseren Weg in der Finsternis, dann lügen wir und tun nicht die Wahrheit. Wir dürfen nicht sagen, dass wir Gemeinschaft mit ihm haben, wenn wir in der Finsternis wandeln. *Wenn wir aber im Licht wandeln, wie er selbst im Licht ist, dann haben wir Gemeinschaft untereinander* (1 Joh 1,7). Wir wandeln im Licht, wie auch er im Licht ist, so dass wir Gemeinschaft mit ihm haben können. Und was machen wir mit unseren Sünden? Vernimm Folgendes: *Und das Blut seines Sohnes Jesus reinigt uns von aller Sünde.* Gott gab uns eine große Sicherheit. Zu Recht feiern wir das Paschamahl, bei dem das Blut des Herrn vergossen wird, das uns von aller Sünde reinigt. Seien wir sicher: Der Teufel hielt gegen uns den Schuldschein der Knechtschaft hoch, aber das Blut Christi hat ihn getilgt. *Das Blut seines Sohnes Jesus reinigt uns von aller Sünde.* Was heißt *von aller Sünde* (1 Joh 1,7)? Habt Acht: Schon sind diese Kinder[3] im Namen Christi, den sie bekannt haben, durch sein Blut von all ihrer Sünde gereinigt. Als alte Schöpfung traten sie ein, als neue kamen sie hinaus. Was heißt das? Als Greise traten sie ein, als Kinder kamen sie hinaus. Das Greisenalter ist kraftlos und schwach, die Kindheit aber erneuertes, neues Leben. Aber was sollen wir tun? Nicht nur ihnen wurden die Sünden der Vergangenheit erlassen, sondern auch uns, aber da wir mitten in der Welt mit Versuchungen leben, haben wir vielleicht andere Sünden begangen, nachdem uns die früheren vollständig erlassen und getilgt worden sind. Deshalb schaue jeder, was er tun kann; er bekenne, wie die Dinge liegen, damit er von dem, der immer ist, was er ist, geheilt werde: denn er selbst war immer und ist, während wir nicht immer waren, jetzt aber sind. [I, 5]

Bekenntnis in Demut

Beachtet die Worte des Apostels: *Wenn wir sagen: Wir haben keine Sünde, führen wir uns selbst in die Irre, und die Wahrheit ist nicht in uns.* Wenn du also deine Sünde bekennst, ist die Wahrheit in dir, denn die Wahrheit ist Licht. Dein Leben strahlt noch nicht vollkommen, weil es Sünden enthält, aber du beginnst schon zu strahlen, wenn du deine Sünden bekennst. Bedenke die folgenden Worte: *Wenn wir aber unsere Sünden bekennen, ist er so treu und gerecht, dass er uns die Sünden*

[3] Die am Karsamstag Neugetauften hießen «wegen ihrer geistig-übernatürlichen Wiedergeburt im Sakrament der Taufe ohne Rücksicht auf ihr physisches Alter ‹infantes› - Kinder». Vgl. Fritz Hofmann, *Gott ist die Liebe.* Die Predigten des Heiligen Augustinus über den ersten Johannesbrief, übersetzt und eingeleitet, Freiburg (Verlag Herder) [3]1954, 19.

vergibt und uns reinigt von aller Ungerechtigkeit (1 Joh 1,8-9). Hier geht es nicht nur um die Sünden der Vergangenheit, sondern auch um die in diesem Leben begangenen; solange der Mensch ein fleischliches Wesen ist, hat er wenigstens lässliche Sünden. Du darfst diese lässlichen Sünden nicht geringachten. Du achtest sie gering, wenn du sie wiegst, erschrickst aber, wenn du sie zählst. Viele leichte Sünden machen eine schwere, viele Wassertropfen füllen einen Fluss, viele Körner werden zu einem Teig.

Welche Hoffnung bleibt uns? Vor allem das Sündenbekenntnis, dass keiner sich für gerecht halte, und der Mensch, der zuerst nicht war und jetzt ist, seinen Nacken erhebe vor den Augen Gottes, der alles sieht, was ist. An erster Stelle also das Bekenntnis, dann die Liebe. Und was wurde über die Liebe gesagt? *Die Liebe deckt eine Menge von Sünden zu* (1 Petr 4,8). Wir sehen schon, dass Johannes die Liebe selbst wegen sich eingeschlichener Vergehen empfiehlt, denn nur die Liebe löscht Vergehen aus. Hochmut zerstört die Liebe: Demut stärkt also die Liebe, die Liebe löscht die Vergehen aus. Demut ist an das Bekenntnis gebunden, in dem wir eingestehen, Sünder zu sein. Demut ist kein mündliches Bekenntnis, um wegen unserer Arroganz den Menschen zu missfallen, wenn wir sagten, wir wären gerecht. Das tun die Gottlosen und die Verrückten: Sie sagen, ich weiß, dass ich gerecht bin, aber soll ich das vor den Menschen sagen? Nenne ich mich gerecht, wer erträgt, wer erduldet das? Gott ist meine Gerechtigkeit bekannt; ich nenne mich trotzdem einen Sünder; nicht, weil ich einer bin, sondern damit meine Arroganz mich nicht verhasst macht. Sag den Menschen, was du bist, und sag Gott, was du bist. Wenn du Gott nicht sagst, was du bist, verurteilt Gott, was er in dir findet. Du willst nicht, dass Gott dich verurteilt? Verurteile dich selbst. Willst du, dass er dir vergibt? Gestehe, dass du zu Gott sagen kannst: *Wende dein Angesicht ab von meinen Sünden* (Ps 50,11). Und sprich mit den Worten des Psalmisten: *Denn ich selber kenne meine Ungerechtigkeit* (Ps 50,5). *Wenn wir aber unsere Sünden bekennen, ist er so treu und gerecht, dass er uns die Sünden vergibt und uns reinigt von aller Ungerechtigkeit. Wenn wir sagen: Wir haben nicht gesündigt, machen wir ihn zum Lügner, und sein Wort ist nicht in uns* (1 Joh 1,9-10). Wenn du sagst, ich habe nicht gesündigt, machst du ihn zum Lügner, weil du dich als wahrhaftig darstellst. Wie kann es sein, dass Gott ein Lügner und der Mensch wahrhaftig ist, da die Schrift dem widerspricht: *Jeder Mensch ist ein Lügner, Gott allein ist wahr* (Röm 3,4). Also ist Gott an sich wahr, du bist wahr in Gott, aus dir selbst bist du ein Lügner. [I, 6]

Falsche Sicherheit

Und damit nicht der Eindruck entstehe, der Apostel habe den Sünden freien Lauf gelassen, wenn er sagt: *Treu ist er und gerecht, der uns die Sünden vergibt und uns von aller Ungerechtigkeit reinigt*, und die Menschen sich deshalb sagten: Sündigen wir, tun wir unbekümmert, was wir wollen, Christus reinigt uns, *treu ist er und gerecht und reinigt uns von aller Ungerechtigkeit:* Er beseitigt deine falsche Sicherheit und erwirkt in dir eine nützliche Furcht. Du willst lieber sorglos sein, das sei dir Anlass zur Unruhe. Denn treu und gerecht ist der, der unsere Vergehen vergibt, wenn du niemals mit dir zufrieden bist und dich änderst, bis du vollendet sein wirst. Und was fügt Johannes hinzu? *Meine Kinder, das schreibe ich euch, damit ihr nicht sündigt* (1 Joh 2,1). Aber vielleicht hat sich doch die Sünde bei jemandem eingeschlichen: Was dann? Sich der Verzweiflung hingeben? Vernimm, was der Evangelist sagt: *Und wenn einer doch sündigt, haben wir einen Fürsprecher beim Vater, Jesus Christus, den Gerechten. Er ist die Sühne für unsere Sünden* (1 Joh 2,1f.). Er ist also der Fürsprecher; bemühe du dich, nicht zu sündigen: Hat sich die Sünde durch die Schwäche der Natur eingeschlichen, sieh sie sofort, drücke sofort dein Missfallen aus und verbanne sie sofort; hast du sie verbannt, magst du sorglos vor den Richter treten. Dort hast du einen Fürsprecher: du brauchst nicht zu fürchten, nach dem Bekenntnis deiner Sünde den Prozess zu verlieren. Denn wenn schon in diesem Leben ein Mensch sich seiner beredten Zunge anvertraut und nicht zugrunde geht; sollst du dich da dem Wort (*Verbo*) anvertrauen und dennoch zugrunde gehen? Rufe: *Wir haben einen Fürsprecher beim Vater.* [I, 7]

Christus unser Fürsprecher

Seht, wie demütig Johannes bleibt. Sicher war er ein gerechter und großer Mann, dem an der Brust des Herrn göttliche Mysterien offenbart wurden; er trank sie an der Brust des Herrn und tat seine Gottheit kund. *Im Anfang war das Wort und das Wort war bei Gott* (Joh 1,1). Als ein so großer Mann sagte er nicht: Ihr habt einen Fürsprecher beim Vater, sondern: *Wenn einer sündigt, haben wir einen Fürsprecher*. Er sagt nicht, ihr habt, und auch nicht, ihr habt mich oder ihr habt Christus, sondern er setzte Christus, nicht sich, an die Stelle und sagte: *wir haben*, nicht ihr habt. Er reihte sich lieber unter die Sünder ein, damit er Christus zum Fürsprecher habe, als sich selbst zum Fürsprecher an die Stelle Christi zu setzen und unter die zu verurteilenden Stolzen gerechnet zu werden.

Brüder, wir haben Jesus Christus als Fürsprecher beim Vater; er ist die Versöhnung für unsere Sünden. Wer daran festhält, verursacht weder Häresie noch Schisma. Woher kamen die Schismen? Weil die Menschen sagen: Wir sind gerecht, wir heiligen die Unreinen, wir rechtfertigen die Frevler, wir beten, wir bitten. Was aber sagte Johannes? *Wenn einer sündigt, haben wir einen Fürsprecher beim Vater, Jesus Christus, den Gerechten.* Wendet dagegen jemand ein: Also bitten die Heiligen nicht für uns? Bischöfe und Vorsteher beten nicht für das Volk? Beachtet die Schriften und ihr seht, dass auch die Vorsteher für das Volk beten. Denn der Apostel Paulus sagte zum Volk: *Betet zugleich auch für uns* (Kol 4,3). Der Apostel betet für das Volk, das Volk für den Apostel. Wir beten für euch, Brüder, aber betet auch ihr für uns. Die Glieder beten abwechselnd für sich, das Haupt tritt für alle ein.

Deshalb wundert es nicht, dass Johannes denen, die Spaltung in die Kirche Gottes bringen wollen, den Mund verbietet. Denn er sagte: *Wir haben einen Fürsprecher beim Vater, Jesus Christus, den Gerechten. Er ist die Sühne für unsere Sünden,* im Blick auf die, die sich trennen und sagen werden: *Siehe, hier ist der Christus oder dort* (Mt 24,23), und ihn nur als einen Teil zeigen wollen, der das Ganze losgekauft hat und alles besitzt. Johannes ergänzt sogleich: *aber nicht nur für unsere Sünden, sondern auch für die der ganzen Welt* (1 Joh 2,2). Was bedeutet das, Brüder? Sicher *haben wir sie gefunden im Waldgefilde* (Ps 131,6), wir haben die Kirche bei allen Völkern gefunden. Also ist Christus *die Sühne für unsere Sünden, aber nicht nur für unsere, sondern auch für die der ganzen Welt* (1 Joh 2,2). Du findest also die Kirche in der ganzen Welt, folge keinen falschen Rechtfertigungen, die in Wirklichkeit Trennungen verursachen. Auf jenem Berg befindet sich der, der den Erdkreis erfüllt hat (vgl. Deut 2,35), weil Christus *die Sühne für unsere Sünden ist, aber nicht nur für unsere, sondern auch für die der ganzen Welt*, die er mit seinem Blut freigekauft hat. [I, 8]

Liebt einander

Dass wir ihn erkannt haben, erkennen wir daran, dass wir seine Gebote halten. Welche Gebote? *Wer sagt: Ich habe ihn erkannt, und hält seine Gebote nicht, ist ein Lügner – in dem ist die Wahrheit nicht.* Aber du fragst immer noch: Welche Gebote? *Wer aber sein Wort bewahrt, in dem ist die Liebe Gottes wirklich zur Vollendung gekommen* (1 Joh 2,3-5). Schauen wir, ob eben dieses Gebot nicht die Liebe ist. Wir fragten nämlich, welche Gebote gemeint sind, und die Antwort lautete: *Wer aber sein Wort bewahrt, in dem ist die Liebe Gottes wirklich zur Vollendung gekommen.* Achte auf das Evangelium, ob dies nicht das Gebot ist. Der Herr sagt: *Ein neues Gebot gebe ich euch, dass ihr einander liebt* (Joh 13,34). *Daran erkennen wir, dass wir in ihm sind* (1 Joh 2,5). Er fordert uns auf, in der Liebe vollkommen zu sein: Was ist Vollkommenheit in der Liebe? Die Feinde zu lieben und zwar so, als wären sie Brüder. Denn unsere Liebe darf nicht feindlich gesinnt sein. Jemandem zeitliches Wohlergehen zu wünschen ist gut, aber auch wenn es nicht da ist, ist die Seele wohlbehütet. Du wünschst deinem Freund das Leben, du tust etwas Gutes. Du freust dich über den Tod deines Feindes, das ist etwas Schlechtes. Vielleicht ist das Leben, das du deinem Freund wünschst, für ihn nicht von Nutzen und der Tod deines Feindes, über den du dich freust, kommt ihm gelegen. Es ist nicht sicher, ob dieses Leben für uns Heil oder Unheil bedeutet; das Leben bei Gott ist zweifellos Heil. So liebe deine Feinde, damit sie zu Brüdern werden und in deine Gemeinschaft gerufen werden. Denn so hat jener geliebt, der am Kreuz sagte: *Vater, vergib ihnen, denn sie wissen nicht, was sie tun* (Lk 23,34). Er sagte nicht etwa: Sie sollen ein langes Leben haben; die mich töten sollen leben, sondern: *Vergib ihnen, denn sie wissen nicht, was sie tun*. Er wollte sie vor dem ewigen Tod mit einem barmherzigen und wirkmächtigen Gebet bewahren. Viele glaubten und es wurde ihnen vergeben, dass sie das Blut Christi vergossen hatten. Als sie sich grausam zeigten, vergossen sie sein Blut, als sie glaubten, tranken sie es.[4] *Daran erkennen wir, dass wir in ihm sind, wenn wir in ihm zur Vollendung gekommen sind*. Der Herr ermahnt uns, vollendet zu sein, indem wir die Feinde lieben. *Ihr nun sollt vollkommen sein, wie euer himmlischer Vater vollkommen ist* (Mt 5,48).

Wer sagt, er bleibe in ihm, ist verpflichtet, seinen Weg so zu gehen, wie auch er seinen Weg gegangen ist (1 Joh 2,6). Auf welche Weise, Brüder? Wozu ermahnt er uns? *Wer sagt, er bleibe in ihm,* das heißt in Christus, *ist verpflichtet, seinen Weg so zu gehen, wie auch er seinen*

[4] Anspielung auf die Eucharistie.

Weg gegangen ist. Ermahnt er uns etwa auf dem See zu gehen? Natürlich nicht. Auf dem Weg der Gerechtigkeit sollen wir gehen. Welchen Weg? Ich habe euch schon erinnert: Angenagelt am Kreuz ging er diesen Weg, den Weg der Liebe: *Vater, vergib ihnen, denn sie wissen nicht, was sie tun.* Lernst du also, für deinen Feind zu beten, dann gehst du den Weg des Herrn. [I, 9]

Das neue Gebot

Ihr Lieben, nicht ein neues Gebot lege ich euch vor, sondern das alte Gebot, das ihr von Anfang an hattet. Von welchem alten Gebot spricht der Apostel hier? Von dem Gebot, *das ihr von Anfang an hattet.* Es ist alt, weil ihr es schon vernommen habt, sonst widerspräche es dem, was der Herr sagte: *Ein neues Gebot gebe ich euch, dass ihr einander liebt.* Aber warum nennt er das Gebot alt? Nicht deshalb, weil es den alten Menschen betrifft. Warum also? Weil *ihr es von Anfang an hattet. Das alte Gebot ist eben das Wort, das ihr von Anfang an hattet* (1 Joh 2,7). Alt ist es also, weil ihr es von Anfang an hattet. Aber Johannes zeigt uns, dass es sich um ein neues Gebot handelt, wenn er schreibt: *Und doch lege ich euch ein neues Gebot vor.* Kein anderes, sondern eben das, was er alt genannt hat, das aber zugleich neu ist. Warum? Weil es *in ihm und unter euch gültig ist.* Das sogenannte alte Gebot habt ihr schon vernommen, weil ihr es schon gekannt habt. Warum aber ist es neu? Weil *die Finsternis weicht und das wahre Licht schon scheint* (1 Joh 2,8; vgl. Joh 13,34). Daher ist es also neu, denn die Finsternis betrifft den alten Menschen, das Licht dagegen den neuen. Was sagt der Apostel Paulus: *Ihr habt den alten Menschen aus-*

gezogen und den neuen angezogen (Kol 3,9-10). Und weiterhin: *Einst wart ihr Finsternis, jetzt aber Licht des Herrn* (Eph 5,8). [I, 10]

Bruderhass ist Finsternis

Wer sagt, er sei im Licht, so verdeutlicht Johannes das zuvor Gesagte, *wer sagt, er sei im Licht und hasst seinen Bruder, ist noch immer in der Finsternis* (1 Joh 2,9). Also, meine Brüder, wir sagen euch schon lange: *Liebet eure Feinde* (Mt 5,44), seht zu, dass ihr die Brüder nicht hasst, das ist etwas Schlechtes. Wenn ihr nur die Brüder liebt, seid ihr nicht vollkommen: Wenn ihr sie aber sogar hasst, was seid ihr da? Wo steht ihr da? Ein jeder schaue in sein Herz: Er hege keinen Hass gegen seinen Bruder aufgrund eines harten Wortes oder im Streit um Erde, damit er nicht selbst zu Erde werde. Denn wer seinen Bruder hasst, kann nicht sagen, er sei im Licht. Was habe ich gesagt? Er sage nicht, er wandle in Christus. *Wer sagt, er sei im Licht und hasst seinen Bruder, ist noch immer in der Finsternis.* Ich weiß nicht, welcher Heide Christ wurde, aber das versteht ihr: Als Heide war er in der Finsternis, nun ist er Christ geworden. Gelobt sei Gott, sagen alle und gratulieren. Der Apostel, der auch gratuliert, wird zitiert: *Einst wart ihr Finsternis, jetzt aber Licht des Herrn.* Der zuvor Idole anbetete, betet nun Gott an; Selbstgeschaffenes betete er an, jetzt betet er den an, der ihn schuf. Er ist verwandelt: Gelobt sei Gott, alle Christen gratulieren. Warum? Weil er jetzt den Vater, den Sohn und den Heiligen Geist anbetet, Dämonen und Idole aber hasst. Doch Johannes ist um ihn besorgt; während viele sich freuen, ist er immer noch argwöhnisch.

Meine Brüder, nehmen wir gerne diese mütterliche Sorge an. Nicht ohne Grund trägt unsere Mutter Sorge um uns, während andere sich freuen: Die Mutter ist die Liebe (*caritas*); sie wohnte nämlich im Herzen des Johannes, als er dieses Gebot schrieb. Warum, wenn nicht deshalb, weil er etwas in uns fürchtet, wenn die Menschen uns schon gratulieren. Was fürchtet er? *Wer sagt, er sei im Licht.* Was bedeutet dieses Wort? Wer sagt, er sei Christ *und hasst seinen Bruder, ist noch immer in der Finsternis.* Das braucht nicht erklärt zu werden, aber man freue sich, wenn es nicht so ist, und man klage, wenn es so ist. [I, 11]

Dem Anstoss entgehen

Wer seinen Bruder liebt, bleibt im Licht, und kein Anstoß ist in ihm (1 Joh 2,10; vgl. Joh 13,34). Ich flehe euch im Namen Christi an: Gott ist es, der uns nährt. Im Namen Christi stärken wir unsere Leiber; sie sind irgendeinmal gestärkt und müssen erneut gestärkt werden, damit unser Verstand genährt bleibt. Ich sage das nicht, weil ich lange sprechen will, denn der Text der Lesung endet schon, sondern damit wir nicht aus Überdruss weniger aufmerksam auf das hören, was von großer Bedeutung ist.

Wer seinen Bruder liebt, bleibt im Licht, und kein Anstoß ist in ihm. Wer sind die, welche Anstoß oder Ärgernis nehmen? Das sind die, welche an Christus und der Kirche Anstoß nehmen. Die an Christus Anstoß nehmen, werden gleichsam von der Sonne verbrannt, die an der Kirche Anstoß nehmen, gleichsam vom Mond. Im Psalm steht: *Bei Tag wird die Sonne dich nicht verbrennen, und der Mond nicht in der Nacht* (Ps 120,6). Das heißt, wenn du in der Liebe bleibst, nimmst du weder an Christus noch an der Kirche Anstoß: Du verlässt weder Christus noch die Kirche. Denn wie kann der, der die Kirche verlässt, in Christus sein, wenn er nicht unter seinen Gliedern ist? Wie kann er in Christus sein, wenn er nicht zum Leib Christi gehört? Anstoß nehmen nämlich jene, die entweder Christus oder die Kirche verlassen. Woraus ersehen wir, dass der Psalm: *Bei Tag wird die Sonne dich nicht verbrennen, und der Mond nicht in der Nacht,* sagen will, dass dieses Verbrennen selbst Anstoß erregt? Achte zuerst auf die Ähnlichkeit: Wie der, welcher verbrannt wird, sagt: Ich kann es nicht beseitigen, nicht ertragen, und sich entfernt, so nehmen diejenigen Anstoß, die gewisse Dinge in der Kirche nicht ertragen und sich vom Namen Christi oder der Kirche entfernen. Seht, welchen Anstoß die von der Sonne am Körper Verbrannten genommen haben, denen Christus die Hingabe seines Leibes vorhersagte: *Wenn ihr nicht das Fleisch des Sohnes der Menschen esst und sein Blut trinkt, habt ihr kein Leben in euch* (Joh 6,53). Etwa siebzig Jünger sagten: *Diese Rede ist hart* (Joh 6,60), und entfernten sich von ihm; es blieben die Zwölf. Aber damit Menschen nicht meinten, sich im Glauben an Christus ihm gegenüber auszuzeichnen und nicht, dass Christus ihnen eine Gunst erweise, sagte der Herr zu den zwölf Zurückgebliebenen: *Wollt auch ihr hinweggehen?* Ihr wisst wohl, dass ihr meiner bedürft, ich aber nicht euer. Sie aber, die die Sonne nicht verbrannt hatte, antworteten aus dem Mund Petri: *Herr, zu wem sollen wir gehen?* (Joh 6,67).

Wer aber sind die, die die Kirche verbrennt wie der Mond in der Nacht? Die ein Schisma verursacht haben. Vernehmt das Wort des Apostels: *Wer ist schwach und ich bin nicht auch schwach? Wem wird Anstoß gegeben, und ich empfinde darob nicht brennenden Schmerz?* (2 Kor 11,29). Wie ist es möglich, dass der keinen Anstoß nimmt, der seinen Bruder liebt? Wer die Brüder liebt, erträgt alles um der Einheit willen, denn in der Einheit der Liebe (*caritas*) liegt die brüderliche Liebe (*dilectio*).[5] Angenommen, dich beleidigt ein böser oder ein vermeintlich böser Mensch oder einer, von dem du das meinst, verlässt du deshalb die vielen Guten? Was für eine brüderliche Liebe ist das, die in den Bösen[6] aufscheint? Weil sie die Christen in Afrika anklagen, verlassen sie die Welt. Gab es etwa keine Heiligen auf der Welt? Oder konnten sie ungehört von euch verurteilt werden? Wenn ihr die Brüder liebtet, nähmet ihr keinen Anstoß. Vernimm das Psalmwort: *Großer Friede wird denen zuteil, die dein Gesetz lieben; es trifft sie kein Anstoß* (Ps 118,165). Heil in Fülle verheißt er denen, die das Gesetz Gottes lieben, und deshalb empfinden sie keinen Anstoß. Also verlieren die, welche Anstoß nehmen, das Heil. Und die, wie es im Psalm heißt, die weder Anstoß nehmen noch erregen? Sie lieben das Gesetz Gottes. Also sind sie in der Liebe. Hält einer dagegen: Das *Gesetz* Gottes *soll geliebt werden*, nicht die Brüder, dann beachte das Wort des Herrn: *Ein neues Gebot gebe ich euch, dass ihr einander liebt* (Joh 13,34). Was ist das Gesetz anderes als das Gebot? Wie vermeiden sie Anstoß anders als durch gegenseitiges

[5] Auch diese Aussage belegt, dass Augustinus diese beiden Begriffe synonym verwendet. Vgl. Paul Agaësse, Le vocabulaire augustinien de la charité, in: *Commentaire*, a.a.O., 31-36, hier 34.

[6] Gemeint sind die Donatisten.

Ertragen? Der Apostel Paulus schreibt: *Ertragt einander in Liebe, bemüht, die Einheit des Geistes durch das Band des Friedens zu bewahren* (Eph 4,2-3). Und weil es das Gesetz Christi ist, vernimm die Worte des Apostels, der dieses Gesetz empfiehlt: *Traget einander eure Lasten, und so werdet ihr das Gesetz Christi erfüllen* (Gal 6,2). [I, 12]

Der grosse Berg

Wer aber seinen Bruder hasst, ist in der Finsternis und geht seinen Weg in der Finsternis, und er weiß nicht, wohin er geht. Welch bedeutsame Sache, Brüder, habt Acht, so bitten wir euch. *Wer seinen Bruder hasst, ist in der Finsternis und geht seinen Weg in der Finsternis, und er weiß nicht, wohin er geht, denn die Finsternis hat seine Augen blind gemacht* (1 Joh 2,11). Wer ist blinder als die, die die Brüder hassen? Denn, damit ihr es wisst: Die Blinden sind über den Berg gestolpert. Ich wiederhole das, damit es euch nicht entfalle. Ist dieser Stein, der ohne menschliches Zutun aus dem Berg geschlagen wurde, nicht Christus, aus dem königlichen Geschlecht der Juden, ohne Mitwirkung eines Mannes?[7] Hat dieser Stein nicht alle Reiche der Erde zerschlagen, das heißt, alle Herrschaft der Idole und Dämonen? Hat sich dieser Stein nicht vergrößert, ist er nicht zu einem hohen Berg geworden, der den ganzen Erdkreis erfüllt hat (vgl. Deut 2,34)? Zeigen wir nicht auf diesen Berg mit dem Finger, wie man Menschen zur

[7] Im Folgenden vergleicht Augustinus die Häretiker mit Blinden, die den Berg, der Christus ist, nicht sehen, während die Juden sich nur am Berg stoßen. Vgl. Fritz Hofmann, *Der Kirchenbegriff des Hl. Augustinus in seinen Grundlagen und seiner Entwicklung,* München (Max Hueber Verlag) 1933, 202.

dritten Stunde den Mond zeigt[8]? Wenn Menschen den Mond sehen wollen, sagen sie zum Beispiel: Da ist der Mond, ja, da ist er. Und wenn dort Menschen sind, die die Schärfe nicht erkennen können und fragen: wo ist er?, dann zeigt man ihn für sie mit dem Finger, damit sie ihn sehen. Zuweilen geben einige schamvoll vor, um nicht für blind gehalten zu werden, dass sie sehen, was sie nicht wirklich sehen.[9]

Meine Brüder, zeigen wir so auf die Kirche? Ist sie nicht für alle offen? Ist sie nicht deutlich sichtbar? Hält sie nicht alle Völker umgriffen? Erfüllt sie nicht die Verheißung, die vor vielen Jahren an Abraham erging, in seinem Samen seien alle Völker gesegnet (vgl. Gen 22,18)? An einen Glaubenden erging die Verheißung, und die Welt hat sich mit Tausenden von Gläubigen gefüllt. Seht, der Berg erfüllt das Antlitz der Erde: Seht die Stadt, über die gesagt wird: *Eine Stadt, die auf einem Berg liegt, kann nicht verborgen sein* (Mt 5,14).

Aber jene stolpern über den Berg. Und wenn man ihnen sagt: Steigt hinauf, dann antworten sie: Es gibt keinen Berg, und sie finden es leichter, sich an ihm den Kopf zu stoßen, als sich dort eine Wohnung zu suchen. Gestern wurde aus dem Buch Jesaia gelesen:

[8] Den Mond bei seinem ersten Erscheinen. In Afrika (Ägypten) fand die erste Phase am dritten Tag nach der Mondkonjunktion statt. Vgl. Augustin, *Ten homilies on the first epistle of John*, translated by Rev. H. Browne, in: A select Library of the Nicene and Post-Nicene Fathers of the Christian Church = NPNF, vol. 7, Peabody Massachusetts (Hendrickson) [2]1995, 467.

[9] Gustave Bardy, *Saint Augustin*, a.a.O., 244f., bezeichnet die Ausführungen des Kirchenlehrers zur vermeintlichen Sichtbarkeit des Neumonds als «plaisanteries populaires», um die Aufmerksamkeit seiner Zuhörer anzufachen.

Wer von euch wach war, nicht so sehr mit den Augen, sondern mit den Ohren, nicht den leiblichen, sondern mit den Ohren des Herzens, hat verstanden: *Und es wird geschehen in den letzten Tagen, da wird der Berg mit dem Hause des Herrn festgegründet stehen an der Spitze der Berge* (Jes 2,2). Gibt es etwas so Festgegründetes wie diesen Berg? Es gibt auch unbekannte Berge, die sich in einem anderen Erdteil befinden. Wer von euch kennt den Olymp? Seine Bewohner kennen dagegen nicht unseren Berg Giddabam. Diese Berge befinden sich in bestimmten Gebieten. Bei jenem Berg aber ist das nicht so, da er das Antlitz der Erde erfüllt; über ihn heißt es: *An der Spitze der Berge.* Der Berg überragt alle anderen Berge: *Und alle Völker werden zu ihm hinströmen* (Jes 2,2). Wer geht in die Irre an diesem Berg? Wer verletzt sich das Gesicht, indem er sich am Berg stößt? Wer kennt nicht die auf dem Berg erbaute Stadt? Aber wundert euch nicht, wenn die, welche die Brüder hassen, sie nicht kennen, denn sie wandeln in der Finsternis und wissen nicht, wohin sie gehen, weil die Finsternis ihre Augen erblinden ließ. Sie sehen den Berg nicht, wundere dich nicht, denn sie haben keine Augen. Warum haben sie keine Augen? Weil die Finsternis sie erblinden ließ. Wie beweisen wir das? Damit, dass sie ihre Brüder hassen, dass sie, weil sie mit den Afrikanern zusammengestoßen sind, sich von aller Welt absondern; dass sie nicht um des Friedens Christi willen die ertragen, die sie verleumden, und zu Gunsten von Donatus jene ertragen, die diese verurteilen.[10] [I, 13]

[10] Anspielung auf die Maximianisten, eine Splittergruppe unter den Donatisten.

ZWEITE PREDIGT zu 1 Joh 2,12-17

Ich schreibe euch, den Kindern

Christus ist gestorben, nach der Schrift, und seine Kirche ist auf der ganzen Erde verbreitet. Kinder, weil wir geboren sind, Väter, weil wir den Ursprung kennen, junge Männer, weil wir kämpfen. Die Liebe Gottes verbietet drei Begierden weltlicher Liebe.

Eröffnung der Heiligen Schrift

Alles, was man in der Heiligen Schrift zu unserer Belehrung und zu unserem Heil liest, soll man aufmerksam vernehmen. Besonders sollte man aber die Seiten im Gedächtnis behalten, die in erster Linie den Häretikern gelten. Diese hören nicht auf, die Schwächsten und Unachtsamsten mit ihren Nachstellungen zu umgarnen. Bedenkt, unser Herr und Erlöser Jesus Christus ist gestorben und für uns auferstanden zu unserer Rechtfertigung (vgl. Röm 4,25).

Soeben habt ihr vernommen, dass den beiden Jüngern, die der Herr unterwegs traf, die Augen gehalten waren, und sie ihn nicht erkannten[1]: Er fand sie ohne Hoffnung auf Erlösung, die in Christus war, und in der Überzeugung, dass er als Mensch gelitten habe und gestorben sei, nicht als Sohn Gottes, der als ewig lebend geglaubt wird. Sie hielten nicht für möglich, dass Christus, leiblich tot, wieder lebendig werde wie einer der Propheten. Gerade habt ihr, wenn

[1] Diese Predigt wurde am Ostermontag gehalten. Augustinus unterbricht hier seinen Kommentar zu 1 Joh, um das gerade gehörte Evangelium von den Emausjüngern (Lk 24,13-32) auszulegen.

ihr aufmerksam wart, ihre Worte vernommen. Dann öffnete er ihnen die Schrift, um ihnen, angefangen von Mose bis zu den Propheten, alles zu zeigen, was geschehen und vorausgesagt worden war. Ohne diese Vorhersagen hätte die Auferstehung des Herrn sie noch mehr verwirrt und in ihrem Unglauben bestätigt. Eine Stärkung ihres Glaubens liegt darin, dass alles, was sich in Christus ereignete, vorhergesagt worden war. Die Jünger erkannten ihn also nur an der Geste des Brotbrechens. Wer sich nicht das Gericht isst und trinkt, erkennt Christus wirklich an der Geste des Brotbrechens. Nachher meinten auch jene Elf, einen Geist zu sehen. Er wollte, dass sie ihn betasteten, er, der zuvor gekreuzigt werden wollte, gekreuzigt von Feinden, betastet von Freunden: der Arzt aller, für die Gottlosigkeit der einen, für den Unglauben der anderen. Denn habt ihr nicht gehört, während der Lesung der Apostelgeschichte, wie viele Tausende Übeltäter Christi an ihn glaubten? (vgl. Apg 2,41). Wenn die, welche ihn getötet hatten, später an ihn glaubten, wie sollten die dann nicht an ihn glauben, die zuvor an ihm gezweifelt hatten? Beachtet und seid euch dessen bewusst, dass Gott in die Schrift die Verteidigung gegen verfängliche Irrtümer legen wollte, gegen die keiner, der als Christ scheinen will, zu sprechen wagt: Als der Herr sich von den Jüngern berühren lassen wollte, genügte ihm das nicht, es sei denn, das gläubige Herz fände in der Heiligen Schrift seine Bestätigung. Er dachte auch an uns, die Nachfahren. Wir können ihn nicht berühren, aber beim Lesen der Heiligen Schrift gibt es diese Berührung. Diese Jünger glaubten schließlich, weil sie ihn in ihrer Mitte und berührt hatten, aber wir? Christus ist bereits in den Himmel aufgefahren und wird erst am Ende der Zeiten wiederkommen, um die Lebenden und Toten zu richten. Worauf stützt sich unser Glaube, wenn nicht darauf, dass er eben diese Berührungen bestätigen wollte? Den Jüngern eröffnete er die Schrift und zeigte ihnen, dass Christus leiden müsse und alles, was im Gesetz des Mose, in den Propheten und den Psalmen geschrieben steht, sich erfüllen werde. Keine der alttestamentlichen Schriften wurde ausgelassen. In jeder ertönt Christus, wenn er Ohren findet. Und er eröffnete ihnen den Sinn für die Schriften, so dass die Jünger sie verstanden. Darum sollen auch wir beten, dass er unseren Sinn öffne. [II, 1]

Bräutigam und Braut

Was aber offenbart uns der Herr über sich, was im Gesetz des Mose, in den Propheten und den Psalmen geschrieben steht? Er soll es selber sagen: Der Evangelist legt es uns kurz dar, damit wir wissen, was wir bei so vielen Texten der Heiligen Schrift glauben und verstehen sollen. Sicher sind es viele Seiten und Bücher; alle beinhalten, was der Herr seinen Jüngern mit wenigen Worten sagte. Was ist es? Dass *Christus leiden muss und am dritten Tag auferstehen werde* (vgl. Lk 9,22; 24,7). Über den Bräutigam liest du, dass *Christus leiden muss und auferstehen werde*. Der Bräutigam wird uns empfohlen. Schauen wir, was über die Braut gesagt wird, damit du, wenn du Bräutigam und Braut kennst, nicht ohne Grund zur Hochzeit kommst. Denn jede liturgische Feier ist eine Hochzeit, eine Hochzeit der Kirche. Der Sohn des Königs nimmt sich eine Frau, und dieser Sohn des

Königs ist selbst König, und seine Braut sind die ihn Umgebenden. Anders als bei irdischen Hochzeiten, wo die einen an der Hochzeit teilnehmen und eine andere heiratet, werden in der Kirche die Teilnehmenden, wenn sie recht teilnehmen, zur Braut. Denn die ganze Kirche ist Braut Christi; ihr Anfang und Erstlingsopfer ist das Fleisch Christi; in diesem Fleisch ist die Braut mit dem Bräutigam verbunden. Aus gutem Grund brach er das Brot, als er sein Fleisch anempfahl, und aus gutem Grund öffneten sich beim Brechen des Brotes die Augen der Jünger und sie erkannten ihn.

Was also sagte der Herr, was im Gesetz, in den Propheten und in den Psalmen über ihn geschrieben steht? Dass *Christus leiden muss.* Würde nicht hinzugefügt *und auferstehen werde*, würden jene zurecht weinen, deren Augen gehalten waren, aber auch das *auferstehen* ist vorhergesagt. Und wozu? Warum musste Christus leiden und auferstehen? Das steht in dem Psalm, den wir euch ausführlich am Mittwoch in der ersten Feier der letzten Woche ausgelegt haben. Warum musste Christus leiden und auferstehen? Damit *alle Enden der Erde dessen gedenken und sich zu dem Herrn bekehren werden und alle Stämme der Heiden vor ihm niederfallen* (Ps 21,28). Auch hier, damit ihr versteht, dass *Christus leiden muss und auferstehen werde,* was wird hinzugefügt, damit nach der Empfehlung des Bräutigams auch an die Braut erinnert wird? *Es steht geschrieben,* sagte er, *dass der Christus auf diese Weise leiden und am dritten Tage von den Toten auferstehen werde, und dass auf seinen Namen hin Buße zur Vergebung der Sünden gepredigt werden soll unter allen Völkern, beginnend mit Jerusalem* (Lk 24,46f.).

Brüder, haltet die gehörten Worte fest! Niemand zweifle an der Kirche, denn sie besteht unter allen Völkern. Niemand bezweifle, dass sie von Jerusalem ihren Ursprung nahm und alle Völker erreicht hat. Wir haben den Acker gekannt, wo der Weinstock eingepflanzt wurde; nachdem er herangewachsen ist, haben wir ihn nicht mehr gekannt, da er alles besetzt hat. Wo nahm er seinen Anfang? *Von Jerusalem.* Wohin geht er? *Zu allen Völkern.* Wenige fehlen noch, aber er wird alle erreichen. Während er alle erreicht, schneidet der Ackerbauer einige unnütze Zweige ab[2]; sie verursachen Häresien und Schismen. Die abgeschnittenen Zweige sollen euch nicht beeinflussen, so dass auch ihr beschnitten werdet. Ermahnt vielmehr das Beschnittene, dass es erneut gesät werde. Es ist offenkundig, dass Christus gestorben, auferstanden und in den Himmel aufgefahren ist: Es ist auch die Kirche offenkundig, weil in ihrem Namen Buße und Vergebung der Sünden gepredigt wird. Wo nahm sie ihren Anfang? *Von Jerusalem.* Wer diese Dinge hört und den großen Berg nicht sieht und seine Augen vor dem Licht auf dem Leuchter verschließt (vgl. Mat 5,14), ist dumm, eitel und, wie gesagt, blind. [II, 2]

Universalität der Kirche

Wenn wir zu den Menschen sagen: Ihr seid Christen, Katholiken, seid mit der Kirche vereint, von der her das Evangelium über den ganzen Erdkreis

[2] Augustinus denkt hier wohl an das Gleichnis vom Weinstock und den Rebzweigen (Joh 15,1-8). Der ganze folgende Abschnitt richtet sich gegen die Donatisten. Ihr Schisma gefährdet die afrikanische Kirche und ihre Gläubigen.

verbreitet wird, wenn wir ihnen sagen: Bleibt mit Jerusalem vereint, dann antworten sie uns: Wir können nicht vereint bleiben mit einer Stadt, in der unser König, unser Herr, getötet wurde. Die Juden töteten ihn, als er auf Erden war, sie löschten den aus, der im Himmel thront. Wer sind die Schlimmeren, die ihn, in der Meinung, er sei ein Mensch, versuchten, oder die Sakramente dessen vernichten, den sie schon als Gott bekennen? Sie hassen wirklich die Stadt, in der ihr Herr getötet wurde. Es sind gerechte und barmherzige Menschen, die sehr darunter leiden, dass Christus getötet wurde, und sie töten Christus in den Menschen! Aber Christus liebte seine Stadt und erbarmte sich ihrer: Von dort, sagte er, solle seine Predigt ihren Anfang nehmen: *Beginnend in Jerusalem.* Dort machte er den Anfang mit der Verkündigung seines Namens, und du empfindest darüber Entsetzen, mit ihr vereint zu sein? Es ist nichts Besonderes, wenn du, von der Wurzel getrennt, sie hasst. Was sagte Christus zu seinen Jüngern? *Bleibt in der Stadt, bis ihr angetan sein werdet mit der Kraft aus der Höhe* (Lk 24,49). Das ist also die Stadt, die sie hassen. Vielleicht würden sie sie mögen, wenn die Juden, die Mörder Christi, in ihr wohnten. Denn es ist bekannt, dass alle Juden, die Mörder, aus der Stadt vertrieben wurden.[3] Früher beherbergte sie die gegen Christus Wütenden, heute die Christus Anbetenden. Deshalb hassten jene die Stadt, weil Christen in ihr lebten. Christus wollte, dass seine Jünger dortblieben,

[3] In einer Predigt berichtet Augustinus, dass der römische Kaiser Konstantin befohlen hatte, den Juden keinen Zugang mehr nach Jerusalem zu gewähren. So wurden sie über den ganzen Erdkreis zerstreut. Vgl. Paul Agaësse, *Commentaire,* a.a.O., 158f.

und er sandte ihnen dorthin den Heiligen Geist. Begann die Kirche nicht dort, wohin der Heilige Geist vom Himmel kam und die an einem Ort versammelten Hundertzwanzig erfüllte? Die Zwölfzahl ist verzehnfacht. Es waren dort hundertzwanzig Menschen, und der Heilige Geist kam und erfüllte den ganzen Ort. Man hörte ein Rauschen, wie ein mächtiges Brausen, und Zungen wie von Feuer verteilten sich. Eben diese Lesung aus der Apostelgeschichte wurde heute vorgetragen: *Alle fingen an, in anderen Zungen zu reden, wie der Geist ihnen auszusprechen gab* (Apg 2,4). Und alle Juden, die von verschiedenen Völkern abstammten, erkannten ein jeder seine Sprache und wunderten sich, dass diese Unkundigen und Ungebildeten nicht nur eine oder zwei Sprachen beherrschten, sondern die aller Völker. Sobald also alle Sprachen erklangen, zeigten sie sich als mit dem Glauben vereinbar. Die aber Christus sehr lieben und mit der Stadt, in der Christus getötet wurde, nichts zu tun haben wollen, ehren Christus in der Weise, dass sie sagen, ihm blieben nur die zwei Sprachen: das Lateinische und das Punische, also das Afrikanische. Nur zwei Sprachen kannte Christus? Diese beiden Sprachen kommen nur im Gebiet des Donatus vor, mehr haben sie nicht.[4]

Verkündigen wir, Brüder, schauen wir mehr auf die Gabe des Geistes und glauben wir, was früher über ihn im Psalm gesagt wurde: *Ohne Sprache, ohne Worte, mit unhörbarer Stimme* (Ps 18,4). Und damit die

[4] Der Donatismus will die Kirche auf ein einziges Land beschränken, während für Augustinus die Katholizität über den ganzen Erdkreis ausgedehnt ist. Vgl. Fritz Hofmann, *Kirchenbegriff*, a.a.O., 198.

Sprachen selbst nicht nur an einen Ort kämen, kam die Gabe Christi zu allen Sprachen, denn vernimm, was folgt: *Ihr Klingen geht aus durch alle Lande, ihr Reden bis zum Ende der Welt* (Ps 18,5). Warum das? *Dort hat er der Sonne ein Zelt gesetzt* (Ps 18,5), das heißt, er ist für alle sichtbar. Sein Zelt, sein Fleisch, sein Zelt, seine Kirche, ist in die Sonne gestellt, nicht in die Nacht, sondern in den Tag. Aber warum erkennen jene sie nicht? Besinnt euch auf die Lesung, deren Schluss gestern vorgetragen wurde, und ihr seht, warum sie nicht erkennen: *Wer aber seinen Bruder hasst, ist in der Finsternis, und er weiß nicht, wohin er geht, denn die Finsternis hat seine Augen blind gemacht* (1 Joh 2,11). Hören wir also das Folgende und seien wir nicht in der Finsternis. Wann werden wir nicht in der Finsternis sein? Wenn wir die Brüder lieben. Wie zeigt sich, dass wir die Brüder lieben? Darin, dass wir die Einheit nicht zerstören, weil wir in der Liebe bleiben. [II, 3]

Kinder, zu neuem Leben geboren

Ich schreibe euch, den Kindern: Euch sind die Sünden vergeben, um seines Namens willen (1 Joh 2,12). Ihr seid deshalb Kinder, weil ihr mit der Vergebung der Sünden geboren seid. Aber durch wessen Namen sind euch die Sünden vergeben? Etwa im Namen von Augustinus oder von Donatus? Du weißt, wer Augustinus und wer Donatus ist; und auch nicht im Namen von Paulus oder Petrus. Gegenüber denen, die sich von der Kirche abspalten und ihre Einheit zu zerteilen suchen, gebiert die mütterliche Liebe des Apostels Kinder, gibt ihr Innerstes preis, zerreißt ihre Mutterbrust gewissermaßen mit Worten, weint um ihre Kinder, die sie weggebracht sieht, ruft die zurück zu dem einen Namen, die sich viele Namen geben wollten, stößt sie zurück von der Eigenliebe, damit Christus geliebt werde und sagt: *Ist etwa Paulus für euch gekreuzigt worden oder seid ihr auf des Paulus Namen getauft worden?* (1 Kor 1,13). Was sagt er damit? Ich will nicht, dass ihr mein seid, sondern dass ihr mit mir seid, weil wir alle dem gehören, der für uns gestorben, für uns gekreuzigt worden ist. Daher gilt auch hier: *Euch sind die Sünden vergeben, um seines Namens willen,* nicht um irgendeines Menschen willen. [II, 4]

Väter: den ewigen Gott erkannt

Ich schreibe euch, den Vätern. Warum schreibt er zuerst den Kindern? Weil *euch die Sünden vergeben sind, um seines Namens willen,* und ihr zu neuem Leben erschaffen wurdet, deshalb seid ihr Kinder. Warum schreibt er jetzt den Vätern? *Weil ihr den erkannt habt, der von Anfang an ist* (1 Joh 2,13): Der Anfang gehört nämlich zur Vaterschaft. Neu ist Christus im Fleisch, alt aber ist er in der Gottheit. Wie alt ist er wohl? Wie viele Jahre? Wohl älter als seine Mutter? Durchaus älter als seine Mutter; *alle Dinge sind durch das Wort geworden* (Joh 1,3). Wenn der Altehrwürdige alle Dinge werden ließ, dann auch seine Mutter, um von ihr als neu geboren zu werden. Glauben wir, dass er nur vor seiner Mutter gewesen ist? Nein, er ist noch vor den Vorfahren seiner Mutter. Abraham ist Vorfahr seiner Mutter und der Herr sagt: *Ehe Abraham war, bin ich* (Joh 8,58). Nur vor Abraham? Himmel und Erde wurden geschaffen, ehe der Mensch war. Vor ihnen war der Herr, sicher ist er es. Treffend sagt er nämlich nicht: Ehe Abraham war, bin ich gewesen, sondern *ehe Abraham war, bin ich.* Denn sagt man, jemand ist gewesen, dann ist er nicht mehr, und sagt man, er wird sein, dann ist er noch nicht, der Herr kennt nur das Sein. Als Gott kennt er das Sein, das vergangene und zukünftige Sein kennt er nicht. Es gibt nur einen ewigen Tag. Jener Tag hat kein gestern und morgen vor und hinter sich. Das Heute folgt dem Gestern und endet mit dem Kommen des Morgens. Jener eine Tag ist ohne Finsternis, ohne Nacht, ohne Zeitraum, ohne Maß, ohne Stunden. Nenne ihn, wie du willst, einfach Tag, wenn du willst, oder Jahr, wenn es dir gefällt, und es sind Jahre. Von Christus heißt es in der Tat: *Deine Jahre nehmen kein Ende* (Ps 101,28). Und wann wurde er Tag genannt? Als vom Herrn gesagt wurde: *Heute habe ich dich gezeugt* (Ps 2,7). Vom ewigen Vater gezeugt, aus der Ewigkeit in Ewigkeit gezeugt: ohne Anfang, ohne Ende, ohne zeitliche Begrenzung, weil er das Sein ist und der ist, der ist. Diesen seinen Namen nannte er Mose: *Sage den Israeliten: Der Ich bin hat mich zu euch gesandt* (Ex 3,14). Wer war also vor Abraham, wer vor Mose, wer vor Adam? Vernimm die Heilige Schrift: *Vor dem Morgenstern habe ich dich gezeugt* (Ps 109,3). Schließlich vor dem Himmel und der Erde. Warum? Weil *alle Dinge durch ihn geworden sind und ohne das Wort ist nichts geworden* (Joh 1,3). Deshalb, ihr Väter, erkennt: Ihr seid Väter, weil ihr den erkannt habt, der von Anfang an ist. [II, 5]

Junge Männer: über den Bösen gesiegt

Ich schreibe euch, ihr junge Männern. Sie sind Kinder, Väter, junge Männer. Kinder aufgrund der Geburt,

Väter, weil sie den Anfang kennen; warum junge Männer? *Weil ihr den Bösen besiegt habt* (1 Joh 2,13). Die Kinder zeugen von der Geburt, die Väter vom Alter, die jungen Männer von Stärke. Wird der Böse von den jungen Männern besiegt, kämpft er gegen uns. Er kämpft, aber er siegt nicht. Warum? Weil wir stark sind, oder weil jener in uns stark ist, den wir in den Händen der Verfolger schwach gefunden haben? Der ist es, der uns stark macht, der den Verfolgern keinen Widerstand geleistet hat. Denn aus Schwachheit ist er gekreuzigt worden, aber er lebt aus der Kraft Gottes (vgl. 2 Kor 13,4). [II, 6]

Meine Adressaten

Ich schreibe euch, ihr Kinder. Warum Kinder? Weil *ihr den Vater erkannt habt* (1 Joh 2,14). *Ich schreibe euch, ihr Väter*, betont er und wiederholt: *Weil ihr den erkannt habt, der von Anfang an ist.* Merkt euch, dass ihr Väter seid; wenn ihr vergesst, wer von Anfang an ist, verliert ihr die Vaterschaft. *Ich schreibe euch, ihr junge Männer.* Bedenkt immer wieder, dass ihr junge Männer seid; kämpft, damit ihr siegt, siegt, damit ihr gekrönt werdet, aber seid demütig, damit ihr im Kampf nicht fallt. *Ich schreibe euch, den jungen Männern: Ihr seid stark, und das Wort Gottes bleibt in euch, und ihr habt den Bösen besiegt* (1 Joh 2,14). [II, 7]

Welt- und Gottesliebe

Das alles, Brüder, dass wir erkannt haben, was von Anfang an ist, dass wir stark sind, dass wir den Vater erkannt haben: all das erweitert sozusagen unsere Erkenntnis, erweitert es nicht auch die Liebe? Wenn wir erkennen, lieben wir; eine Erkenntnis ohne Liebe rettet uns nicht. *Die Erkenntnis macht aufgeblasen, die Liebe dagegen baut auf* (1 Kor 8,1). Wenn ihr den Glauben bekennt und nicht liebt, würdet ihr den Dämonen ähneln. Auch die Dämonen bekannten den Sohn Gottes und sagten: *Was haben wir mit dir zu tun?* (Mt 8,29), und wurden vertrieben. Bekennt und umgreift ihn! Jene fürchteten sich wegen ihrer Sünden, ihr dagegen liebt ihn, weil er euch eure Sünden vergeben hat. Aber wie können wir Gott lieben, wenn wir die Welt lieben? Denn er will durch seine Liebe in uns wohnen.

Es gibt zwei Arten von Liebe: die zur Welt und die zu Gott: Wohnt die Liebe zur Welt in uns, ist kein Raum da für die Liebe zu Gott. Man halte die Liebe zur Welt fern, und die Liebe zu Gott wohne in uns; so erhält die bessere Liebe ihren Raum. Zuerst hast du die Welt geliebt, jetzt willst du sie nicht mehr lieben. Hat dein Herz sich an der Liebe zu irdischen Dingen gesättigt, verkoste die göttliche Liebe, und sie nimmt Wohnung in uns; aus ihr kann nichts Schlechtes hervorgehen.

Hört also auf die Worte dessen, der euch reinigt. Wie einen Acker trifft er die Herzen der Menschen an, aber wie findet er sie vor? Ähneln sie einem Wald, holzt er ihn ab. Findet er aber ein bestelltes Feld, will er dort den Baum der Liebe pflanzen. Und welchen Wald will er abholzen? Die Liebe zur Welt. Vernehmt, was der Evangelist über die Abholzung des Waldes sagt: *Liebt nicht die Welt noch was in der Welt ist. Wenn einer die Welt liebt, ist die Liebe zum Vater nicht in ihm* (1 Joh 2,15). [II, 8]

Im Verbund mit der Wurzel

Ihr habt gehört: *Wenn einer die Welt liebt, ist die Liebe zum Vater nicht in ihm.* Niemand denke in seinem Herzen, dass diese Aussage falsch sei, Brüder: Gott sagt, der Heilige Geist habe durch den Apostel gesprochen und nichts ist wahrer: *Wenn einer die Welt liebt, ist die Liebe zum Vater nicht in ihm.* Du willst die Liebe zum Vater haben, um mit dem Sohn verbunden zu sein? Liebe die Welt nicht, lass die falsche Liebe zur Welt nicht zu, damit du mit der Liebe zu Gott erfüllt wirst. Du bist als ein Gefäß noch gefüllt, entleere den Inhalt, damit du aufnehmen kannst, was dir fehlt. Zweifellos sind unsere Brüder schon mit Wasser und Heiligem Geist wiedergeboren und auch wir sind vor ein paar Jahren mit Wasser und Heiligem Geist wiedergeboren worden. Es ist gut für uns, die Welt nicht zu lieben, damit die Sakramente nicht in uns zum Gericht verbleiben, sondern Stütze zum Heil sind. Eine Stütze zum Heil haben heißt, die Wurzel der Liebe zu haben, die Tugend des Erbarmens, und nicht nur dem äußeren Anschein nach. Die äußere sichtbare Heiligkeit ist gut, aber was ist sie wert, wenn sie keine Wurzel hat? Werden die abgeschnittenen Äste nicht ins Feuer geworfen? Bewahre das Äußere, aber im Verbund mit der Wurzel.[5] Aber wie seid ihr mit ihr verbunden, um nicht ausgerissen zu werden? Bewahrt die Liebe, sagt der Apostel Paulus: *In der Liebe verwurzelt und auf sie gegründet* (Eph 3,17). Wie kann die Liebe dort verwurzelt sein

[5] Die Einbeziehung in den Leib Christi empfängt der Christ in der Gemeinschaft derer, die bereits vom Geist Christi, des Hauptes, belebt werden. So entsteht ein einziger Lebensorganismus. Vgl. Fritz Hofmann, *Gott ist die Liebe*, a.a.O., 31.

zwischen all der waldreichen Liebe zur Welt? Holzt diese Wälder ab. Ihr müsst guten Samen säen und auf dem Acker darf nichts wachsen, was den Samen erstickt. So lauten die vernichtenden Worte des Apostels: *Liebt nicht die Welt noch was in der Welt ist. Wenn einer die Welt liebt, ist die Liebe zum Vater nicht in ihm.* [II, 9]

Halte dich fest an Christus

Denn alles, was in der Welt ist – das Begehren des Fleisches und das Begehren der Augen und das Prahlen mit dem Besitz –, ist nicht vom Vater, sondern von der Welt. Und die Welt vergeht, mit ihrem Begehren; wer aber den Willen Gottes tut, der bleibt in Ewigkeit (1 Joh 2,16-17). Warum sollte ich nicht lieben, was Gott geschaffen hat? Was willst du: Die zeitlichen Dinge lieben und mit der Zeit vergehen, oder die Welt nicht lieben und ewig mit Gott leben?

Der Fluss der zeitlichen Dinge zieht dahin, aber unser Herr Jesus Christus ist wie ein Baum nahe dieses Flusses geboren. Er hat Fleisch angenommen, ist gestorben, auferstanden und in den Himmel aufgefahren. In gewisser Weise wollte er sich nahe des Flusses der zeitlichen Dinge pflanzen. Wirst du von ihnen in den Abgrund gerissen? Halte dich fest am Baum! Wirbelt dich die Liebe zur Welt herum? Halte dich fest an Christus! Für dich ist er in die Zeit gekommen, damit du ewig seist.[6] Auch er hat sich so

[6] Henri de Lubac, *Glauben*, a.a.O., 127, kommentiert: «Dieses Grundgesetz der Menschwerdung duldet keine doketische Abschwächung. Nach dem Beispiel Christi soll jeder Christ es (...) auf sich nehmen, unter dem Gesetze der Zeit zu stehen und damit in ein Verhältnis der Solidarität zur gesamten Geschichte

der Zeit unterstellt, um ewig zu bleiben. Ihm ist etwas von der Zeit gegeben worden, von der Ewigkeit hat er sich aber nicht entfernt. Du aber bist in der Zeit geboren und durch die Sünde wurdest du der Zeit unterworfen. Du bist Sklave der Zeit geworden, jener ist in die Zeit gekommen, um voll Erbarmen Sünden zu vergeben. Welch ein Unterschied besteht zwischen zwei Gefangenen: der eine schuldig, der andere sein Besucher. Denn er kommt, um seinen Freund im Gefängnis zu besuchen, und beide sind scheinbar dort, aber welch ein Unterschied besteht! Den einen bedrängt der Prozess, den anderen leitet die Menschlichkeit. So waren wir in dieser Sterblichkeit gebunden durch unsere Schuld; jener stieg voll Erbarmen zu uns hinab: Als Erlöser, nicht als Unterdrücker kam er zum Gefangenen. Der Herr hat für uns sein Blut vergossen, er hat uns erlöst, uns Hoffnung geschenkt. Noch tragen wir die Sterblichkeit des Fleisches, erwarten aber die zukünftige Unsterblichkeit; noch treiben wir in den Fluten der Meere, aber wir haben schon den Anker der Hoffnung an Land geworfen. [II, 10]

Falsches Begehren

Aber wir wollen die Welt nicht lieben, noch was in der Welt ist. Was in der Welt ist, ist das *Begehren des Fleisches und das Begehren der Augen und das Prahlen mit dem Besitz*. Das ist dreierlei. Keiner sage: Was in der Welt ist, hat Gott geschaffen, den Himmel, die Erde, das Meer, die Sonne, den Mond, die Sterne,

zu treten: seine Beziehung zum Ewigen setzt demnach zugleich eine Beziehung zu einer unermesslichen Vergangenheit und zu einer unabsehbaren Zukunft.»

alle Ornamente des Himmels und die Ornamente des Meeres, alles Getier, und die Ornamente der Erde: die Tiere, Bäume und Vögel. Sie sind in der Welt, Gott hat sie geschaffen. Warum also nicht lieben, was Gott geschaffen hat? Der Geist Gottes sei in dir, damit du siehst, dass all das gut ist, aber wehe dir, wenn du die Geschöpfe liebst ohne ihren Schöpfer. Schön sind die Geschöpfe, aber um wieviel schöner ist ihr Schöpfer.

Eure Liebe habe Acht: Durch ähnliche Erscheinungen könnt ihr unterrichtet werden, damit der Satan sich nicht bei euch einschleiche und euch einflüstere: Die Geschöpfe Gottes sind für euch gut, warum hat Gott sie geschaffen, wenn nicht zu eurem Besten? Und sie werden trunken, verschwinden und vergessen ihren Schöpfer; indem sie das Geschaffene nicht maßvoll, sondern gierig gebrauchen, entehren sie den Schöpfer. Von ihnen sagt der Apostel: *Sie beteten das Geschöpf an und verehrten es anstelle des Schöpfers – gepriesen ist er in Ewigkeit* (Röm 1,25). Gott hindert dich nicht, seine Geschöpfe zu lieben, aber nicht, um so zur Glückseligkeit zu gelangen, sondern sie gutzuheißen und zu loben, um ihren Schöpfer zu lieben.

Brüder, angenommen, ein Bräutigam machte seiner Braut einen Ring und sie liebte den Ring mehr als den Bräutigam, der ihn gemacht hat, würde da nicht in diesem Geschenk des Bräutigams die ehebrecherische Gesinnung der Braut ertappt werden, auch wenn sie doch das liebte, was der Bräutigam ihr geschenkt hat? Sicher liebte sie das Geschenk des Bräutigams, wenn sie aber sagte, mir genügt dieser Ring, den Bräutigam will ich nicht mehr sehen, wer würde diese Tollheit nicht hassen? Wer würde diese

Gesinnung nicht als ehebrecherisch zurückweisen? Anstelle des Mannes liebst du das Gold, du liebst den Ring anstelle des Bräutigams; wenn das in dir steckt, dass du den Ring anstelle des Bräutigams liebst und den Bräutigam nicht sehen willst, bedeutet das, dass er dir diesen Ring als Pfand gegeben hat, nicht um dir ein Pfand zu geben, sondern um dich zu verlieren. Sicher gibt dir der Bräutigam das Pfand nur, damit er selbst in diesem Pfand geliebt werde. Also hat Gott dir alles geschenkt, damit du ihn, den Schöpfer, liebst. Mehr noch will er dir geben, nämlich sich selbst, als den Schöpfer. Wenn du das liebst, was Gott geschaffen hat, und den Schöpfer vernachlässigst, wenn du die Welt liebst, muss dann deine Liebe nicht als ehebrecherisch bezeichnet werden? [II, 11]

Die Begierde des Fleisches

Welt wird nicht nur dieses von Gott geschaffene Weltgebäude genannt: Himmel und Erde, Meer, Sichtbares und Unsichtbares, sondern auch die Bewohner dieser Welt, so wie das Wort Haus die Mauern und die Bewohner bezeichnet. Zuweilen loben wir das Haus und tadeln seine Bewohner. Denn wir sagen, ein gutes Haus, wenn es aus Marmor mit schöner Täfelung ist; und mit anderer Absicht sagen wir, ein gutes Haus, denn niemandem widerfährt dort Unrecht, es geschehen dort keine Räubereien und Unterdrückungen. Nun loben wir nicht die Mauern, sondern ihre Bewohner, beides aber nennt man Haus, die, welche die Welt lieben und mit dieser Liebe in ihr wohnen, wie die, welche im Himmel wohnen und deren Herz erhoben ist, auch wenn sie leiblich auf Erden wandeln, Liebhaber der Welt genannt werden.

Sie haben nur *das Begehren des Fleisches, das Begehren der Augen und das Prahlen mit dem Besitz.* Denn ihr Bestreben richtet sich nur darauf zu essen, zu trinken, mit einer Frau zu schlafen, sich jedem Verlangen hinzugeben. Oder wenn gesagt wird: *Liebt das nicht*, soll das bedeuten, nicht zu essen oder zu trinken oder keine Kinder zu zeugen? Sicher nicht, aber ihr sollt Maß halten um des Schöpfers willen, damit ihr nicht in diese Liebe verstrickt werdet. Liebt nicht mit Genuss die Dinge, die ihr nur zum Gebrauch haben sollt. Aber gesetzt den Fall, ihr werdet geprüft und euch wird zweierlei vorgeschlagen: Gerecht zu sein oder Profit zu machen? Ich habe nichts zum Leben, weder zu essen noch zu trinken, erwiderst du. Aber wenn du diese Dinge auf ungerechte Weise erlangen kannst? Ist es nicht besser, das Unverlierbare zu lieben anstatt Unrecht zu begehen? Du siehst den Vorteil des Goldes, den Schaden, den dein Glaube nimmt, siehst du nicht. Das sagt uns der Evangelist Johannes über das Begehren des Fleisches, das Verlangen nach fleischlichen Dingen, wie die Speise, den Beischlaf oder anderes dieser Art. [II, 12]

Das Begehren der Augen

Das Begehren der Augen nennt man Neugierde in jeder Form. Ist die Neugierde nicht schon weit verbreitet? Sie steckt in Schauspielen, Theatern, diabolischen Zeichen, magischen Künsten sowie in Hexereien. Bisweilen versucht sie selbst die Diener Gottes, so dass sie Wunder wirken wollen: Es ist die Versuchung, dass Gott ihr Verlangen erhört, Wunder zu wirken. Das ist die Neugierde, ein Begehren der Augen, das nicht vom Vater stammt. Wenn Gott dir diese Fähigkeit gegeben hat, übe sie aus, dafür hat er sie dir zugesprochen; wer sie aber nicht erhalten hat, ist deshalb nicht vom Reich Gottes ausgeschlossen. Als die Apostel sich freuten, dass die Dämonen ihnen untertan waren, was sagte ihnen da der Herr? *Freut euch nicht darüber, sondern freut euch darüber, dass eure Namen im Himmel verzeichnet sind* (Lk 10,20). Der Herr wollte also, dass die Apostel sich über etwas freuen, worüber auch du dich freuen kannst. Denn wehe dir, wenn dein Name nicht im Himmel verzeichnet ist. Etwa wehe dir, wenn du keine Toten erweckt hast? Und wenn du nicht auf dem See gewandelt bist? Oder keine Dämonen ausgetrieben hast? Hast du empfangen, was du ausübst, dann tue es demütig, nicht stolz. Denn von gewissen falschen Propheten sagte der Herr, dass auch sie Zeichen und Wunder gewirkt hätten (vgl. Mt 24,24). Bei euch herrsche also nicht dieser weltliche Ehrgeiz, der Hochmut ist. Der Mensch will mit seinen Ehren prahlen, er hält sich für bedeutend, wenn er Reichtümer oder irgendeine Macht hat. [II, 13]

Die Überwindung allen Begehrens

Es gibt also diese drei Begehren und weiter nichts, wovon der Mensch beherrscht wird: *das Begehren des Fleisches und das Begehren der Augen und das Prahlen mit dem Besitz.* Von diesen wurde der Herr durch den Teufel versucht.

Vom Begehren des Fleisches wurde er versucht, als ihn nach dem Fasten hungerte und zu ihm gesagt wurde: *Wenn du der Sohn Gottes bist, so befiehl, dass aus diesen Steinen Brot werde* (Mt 4,3). Aber wie vertrieb er den Versucher und unterwies uns, seine Streiter im Kampf? Beachte, was er zu ihm sagt: *Der Mensch lebt nicht nur von Brot, sondern von jedem Wort, das aus Gottes Mund kommt* (Mt 4,4; Dtn 8,3).

Auch vom Begehren der Augen wurde er zu einem Wunder angestachelt, als der Versucher zu ihm sagte: *Stürze dich hier hinab, denn es heißt in der Schrift, seinen Engeln befiehlt er, dich auf ihren Händen zu tragen, damit dein Fuß nicht an einen Stein stößt* (Mt 4,6; vgl. Ps 90,11). Christus widerstand dem Versucher: Hätte er jetzt ein Wunder gewirkt, hätte es so ausgesehen, dass er dem Teufel erlag oder es aus Neugierde gewirkt hätte. Er wirkte nur dann Wunder, wenn Gott es wollte, um etwa die Kranken zu heilen. Hätte er es jetzt getan, hätte man gemeint, er wolle es nur um des Wunders willen wirken. Um dieser Meinung entgegenzuwirken, beachte gut, was er antwortete, und wenn dich eine solche Versuchung überkommt, so antworte ebenfalls: *Weg mit dir, Satan. In der Schrift heißt es auch: Du sollst den Herrn, deinen Gott, nicht auf die Probe stellen* (Mt 4,7), das heißt, wenn ich ein Wunder wirke, versuche ich Gott. Das hat Christus gesagt, damit auch du das sagst. Wenn der Feind dir eingibt: Was für ein Mensch, was für ein Christ bist du? Hast du ein Wunder gewirkt, so dass entweder die Toten kraft deiner Gebete auferstanden sind oder du die an Fieber Erkrankten geheilt hast? Wärst du so wichtig wie der und der, würdest du auch ein Wunder wirken. Darauf antworte: *In der Schrift heißt es auch: Du sollst den Herrn, deinen Gott, nicht auf die Probe stellen* (Dtn 6,16): Ich werde also Gott nicht versuchen, wie wenn ich durch ein Wunder mehr zu Gott gehörte und ohne ein Wunder nicht zu ihm gehörte. Und was bedeuten die Worte: *Freut euch dar-*

über, dass eure Namen im Himmel verzeichnet sind (Lk 10,20)?

Wie wurde der Herr dagegen vom Prahlen mit dem Besitz versucht? Als der Versucher ihn auf einen Berg brachte und zu ihm sagte: *Das alles will ich dir geben, wenn du dich vor mir niederwirfst und mich anbetest* (Mt 4,9). Von der Höhe des irdischen Reiches aus wollte der Teufel den König der ganzen Welt versuchen, aber der Herr, der Himmel und Erde erschaffen hat, verachtete den Versucher. Ist es erstaunlich, dass er den Teufel besiegt? Denn wozu gab er dem Teufel Antwort, außer um dich die entsprechende Antwort zu lehren? *Denn in der Schrift steht: Vor dem Herrn, deinem Gott, sollst du dich niederwerfen und ihm allein dienen* (Mt 4,10; Dtn 6,13).

Wenn ihr daran festhaltet, habt ihr das Begehren der Welt nicht in euch. Dann beherrscht euch weder das Begehren des Fleisches, noch das Begehren der Augen, noch das Prahlen mit dem Besitz und ihr bereitet der kommenden Liebe einen Platz in euch, so dass ihr Gott liebt. Herrscht in euch jedoch die Liebe zur Welt, ist kein Platz für die Liebe zu Gott. Haltet euch lieber an die Liebe zu Gott; wie Gott ewig ist, so bleibt auch ihr in Ewigkeit, denn jeder ist entsprechend seiner Liebe beschaffen. Liebst du die Erde? Dann wirst du Erde sein. Liebst du Gott? Soll ich jetzt sagen, du wirst Gott sein? Das wage ich nicht von mir aus zu sagen, hören wir dazu die Heilige Schrift: *Ihr seid Götter, ihr alle, seid Söhne des Allerhöchsten* (Ps 81,6). Wollt ihr also Götter und Söhne des Allerhöchsten sein, *liebt nicht die Welt noch was in der Welt ist. Wenn einer die Welt liebt, ist die Liebe zum Vater nicht in ihm. Denn alles, was in der Welt ist – das*

Begehren des Fleisches und das Begehren der Augen und das Prahlen mit dem Besitz –, ist nicht vom Vater, sondern von der Welt. Und die Welt vergeht, mit ihrem Begehren; wer aber den Willen Gottes tut, der bleibt in Ewigkeit. [II, 14]

DRITTE PREDIGT[1] zu 1 Joh 2,18-27

Meine Kinder, die letzte Stunde ist da
Wir werden vom Leib Christi genährt, indem wir ihm mit glühender Liebe anhangen, und die Versprechungen der Welt verwerfen. Christus ist unser Lehrer und unsere geistliche Salbung.

IN CHRISTUS WACHSEN

Meine Kinder, die letzte Stunde ist da (1 Joh 2,18). In diesem Abschnitt wendet sich Johannes an die Kinder, damit sie sich mit dem Wachsen beeilen, denn es ist die letzte Stunde. Unser Lebensalter ist nicht von unserem Willen abhängig; niemand wächst, wann er will, ebenso wird keiner geboren, wann er will. Wo aber die Geburt vom Willen abhängt, da unterliegt auch das Wachsen dem Willen. Niemand wird gegen seinen Willen aus Wasser und Geist geboren. Wenn er also will, wächst er und nimmt er ab. Was heißt wachsen? Voranschreiten. Was heißt abnehmen? Ermatten. Jeder, der weiß, dass er geboren wurde, vernehme, dass er ein kleines Kind ist; gierig verlange er nach den Brüsten der Mutter, und er wird schnell wachsen. Die Mutter aber ist die Kirche, und ihre Brüste sind die beiden Testamente. Von ihr säuge man die Milch aller Geheimnisse, die in der Zeit zu unserem ewigen Heil geschahen, so dass man genährt und gestärkt zum Verzehr der Speise komme, von der geschrieben steht: *Im Anfang war das Wort und das Wort war bei Gott und das Wort war Gott* (Joh 1,1). Unsere

[1] Man kann annehmen, dass es die Predigt vom Dienstag in der Osterwoche gewesen ist.

Milch ist der erniedrigte Christus, der mit dem Vater wesensgleiche Christus ist unsere Speise. Mit Milch nährt er dich, um dich mit dem Brot zu sättigen: Denn Jesus mit dem Herzen geistlich zu berühren heißt, zu glauben, dass er wesensgleich mit dem Vater ist. [III, 1]

GEISTLICHE BERÜHRUNG

Deshalb verbot er auch Maria, ihn zu berühren, indem er sagte: *Halte mich nicht fest, denn ich bin noch nicht zum Vater hinaufgegangen* (Joh 20,17). Was bedeuten diese Worte? Den Jüngern erlaubte er, ihn zu betasten, und mit Maria vermied er die Berührung. Ist er es nicht, der zu dem zweifelnden Jünger gesagt hat: *Strecke deine Hand aus und lege sie in meine Seite* (Joh 20,27)? War er da schon zum Vater hinaufgegangen? Warum verbot er es also Maria mit den Worten: *Halte mich nicht fest, denn ich bin noch nicht zum Vater hinaufgegangen*? Müssen wir dazu etwa feststellen, dass er die Berührung von Männern nicht fürchtete, wohl aber die von Frauen? Nein, ihn zu berühren reinigt jeden Leib. Fürchtete er etwa von denen die Berührung, von denen er zuerst bezeugt werden wollte? Wurde seine Auferstehung den Männern nicht durch einige Frauen verkündet, damit umgekehrt die Schlange besiegt werde? Sie hatte durch die Frau den Tod des ersten Menschen verkündet und nun wird den Männern das Leben durch die Frau verkündet. Warum also wollte sich der Auferstandene nicht berühren lassen?

Er wollte, dass seine Berührung als ein geistliches Geschehen verstanden werde. Diese geistliche Berührung geschieht mit einem reinen Herzen. Und der berührt Christus mit reinem Herzen, der ihn als wesensgleich mit dem Vater erkennt. Wer aber seine Gottheit nicht erkennt, bleibt beim Fleisch und kommt nicht zur Gottheit. Es ist nicht wichtig, ihn zu berühren, wie seine Verfolger ihn als Gekreuzigten berührt haben. Dagegen ist es wichtig, das Wort (*Verbum*) zu erkennen, Gott im Anfang bei Gott, durch den alles geworden ist. So wollte er gekannt werden, als er zu Philippus sagte: *Schon so lange bin ich bei euch und du hast mich nicht erkannt, Philippus? Wer mich gesehen hat, hat den Vater gesehen* (Joh 14,9). [III, 2]

Die letzte Stunde

Aber damit keiner beim Voranschreiten zu bequem sei, vernehme er: *Meine Kinder, die letzte Stunde ist da.* Nutzt sie, lauft, wachst, die letzte Stunde ist da. Diese letzte Stunde dauert lange, dennoch ist sie die letzte Stunde. Sie steht für die Endzeit, denn in dieser Endzeit wird unser Herr Jesus Christus kommen. Aber einige werden fragen: Warum die letzte Stunde, warum die Endzeit? Sicher kommt zuerst der Antichrist, und dann erst der Tag des Gerichts. Auch Johannes teilte diese Erwägungen, und damit die Seinen nicht zu sicher meinten, die letzte Stunde sei noch nicht da, weil der Antichrist zuerst kommen müsse, sagte er zu ihnen: *Ihr habt gehört, dass der Antichrist kommt, und jetzt sind viele Antichristen aufgetreten* (1 Joh 2,18). Könnten denn viele Antichristen aufgetreten sein, wenn es nicht die letzte Stunde wäre? [III, 3]

Gegen das Wort Gottes

Wen bezeichnete der Apostel als Antichristen? Er antwortet Folgendes: *Daran erkennen wir, dass die letzte*

Stunde da ist. Woran? Daran, *dass viele Antichristen aufgetreten sind. Sie sind aus unserer Mitte gekommen* (1 Joh 2,18-19). Das sind also die Antichristen. *Sie sind aus unserer Mitte gekommen*, also beweinen wir den Verlust. Vernimm jedoch den Trost: *aber sie haben nicht zu uns gehört.* Alle Häretiker, alle Schismatiker *sind aus unserer Mitte gekommen*; sie kommen also von der Kirche, aber sie würden nicht weggehen, wenn sie aus unserer Mitte gekommen wären. Bevor sie weggingen, waren sie nicht aus unserer Mitte. Viele sind drinnen, sind nicht weggegangen, aber dennoch Antichristen. Wir wagen das nur deshalb zu sagen, damit keiner, der drinnen ist, ein Antichrist sei. Der Apostel wird die Antichristen beschreiben und bestimmen, und wir werden sie jetzt sehen. Jeder möge sein eigenes Gewissen erforschen, ob er ein Antichrist sei. Antichrist bedeutet in der lateinischen Sprache Christus entgegenstehen. Nicht, wie einige die Bezeichnung verstehen, dass der Antichrist vor Christus und Christus nach ihm komme. Das ist weder gesagt noch geschrieben, sondern der Antichrist steht Christus entgegen. Wer Antichrist ist, erkennt ihr jetzt und versteht, dass nur Antichristen nach draußen gehen können. Die aber Christus nicht entgegenstehen, können keinesfalls von der Kirche weggehen. Sie sind ja mit seinem Leib verbunden, und werden zu seinen Gliedern gerechnet. Niemals stehen die Glieder gegeneinander. Die Reinheit des Leibes ist den Gliedern bekannt. Und was sagt der Apostel über die Einheit der Glieder? *Wenn darum ein Glied leidet, leiden alle Glieder mit; wenn ein Glied geehrt wird, freuen sich alle anderen mit ihm* (1 Kor 12,26). Wenn also an der Ehrung eines Gliedes die anderen

Glieder sich freuen, und beim Leiden des einen alle Glieder mitleiden, kann die Eintracht der Glieder keinen Antichristen brauchen. Und doch sind solche noch im Leib unseres Herrn Jesus Christus, da nun einmal sein Leib immer noch geheilt wird und die vollkommene Heilung erst mit der Auferstehung der Toten vollzogen ist. Sie sind wie schädliche Flüssigkeiten im Leib Christi. Sobald sie ausgeschieden sind, ist der Leib entlastet. So ist auch die Kirche entlastet, wenn die Bösen aus ihr weggehen. Und wenn der Leib sie ausscheidet und auswirft, sagt er: Aus mir sind diese schädlichen Flüssigkeiten herausgegangen, die nicht zu mir gehört haben. Was heißt also: Sie haben nicht zu mir gehört? Nicht aus meinem Fleisch sind sie geschnitten worden, aber sie belasteten meine Brust, solange sie da waren. [III, 4]

Antichrist oder in Christus

Sie sind aus unserer Mitte gekommen, aber – seid nicht traurig – *sie haben nicht zu uns gehört.* Wie beweist du das? *Wenn sie zu uns gehörten, wären sie bei uns geblieben* (1 Joh 2,19). Daraus können die Brüder ersehen, dass viele, die nicht zu uns gehören, die Sakramente empfangen. Sie empfangen mit uns die Taufe, und, was nur die Gläubigen verstehen, den Segen, die Eucharistie, und was immer in den Sakramenten verborgen ist. Die Altargemeinschaft teilen sie mit uns, und doch gehören sie nicht zu uns. Das beweist die Versuchung. Wenn eine Versuchung sich ihnen naht, fliegen sie wie ein Blatt im Wind weg, weil sie kein guter Weizen waren. Aber alle werden dann fliegen – das muss man immer wieder sagen –, wenn am Tag des Gerichts die Tenne des Herrn geworfelt wird (vgl.

Mt 3,12; Lk 3,17). *Sie sind aus unserer Mitte gekommen, aber sie haben nicht zu uns gehört; denn wenn sie zu uns gehörten, wären sie bei uns geblieben.*

Nun wollt ihr wissen, geliebte Brüder, wie man mit Sicherheit sagen kann, dass die, welche einmal die Kirche verließen und zurückkamen, nicht gegen Christus gewesen sind. Die keine Antichristen sind, können nicht draußen bleiben. Nach seinem eigenen Willen ist jeder entweder Antichrist. oder er ist in Christus. Entweder gehören wir zu seinen Gliedern oder zu seinen schlechten Flüssigkeiten. Wer sich bessert, ist ein Glied am Leib, wer aber schlecht bleibt, ist schlechte Flüssigkeit, und wenn sie ausfließt, erleichtert es die, welche zuvor darunter gelitten haben. *Sie sind aus unserer Mitte gekommen, aber sie haben nicht zu uns gehört. Es sollte jedoch offenbar werden, dass sie alle nicht zu uns gehören* (1 Joh 2,19). *Es sollte aber offenbar werden,* hat Johannes hinzugefügt, weil auch die, welche in der Kirche sind, nicht aus unserer Mitte sind. Man erkennt sie noch nicht, erst bei ihrem Weggehen werden sie erkannt. *Ihr habt die Salbung von dem, der heilig ist, und ihr alle wisst es* (1 Joh 2,20). Die geistliche Salbung ist der Heilige Geist, dessen Sakrament in der Salbung sichtbar wird. Alle, die diese Salbung Christi empfangen haben, erkennen die Bösen und die Guten; Sie brauchen nicht belehrt zu werden, denn die Salbung belehrt sie. [III, 5]

Christus: Stein des Anstosses

Ich schreibe euch nicht, weil ihr die Wahrheit nicht kennt, sondern weil ihr sie kennt und weil keine Lüge von der Wahrheit stammt (1 Joh 2,21). Seht, wir werden darauf hingewiesen, wie wir den Antichristen erkennen.

Was ist Christus? Die Wahrheit. Er selbst hat gesagt: *Ich bin die Wahrheit* (Joh 14,6). *Keine Lüge stammt von der Wahrheit:* Alle, die also lügen, stammen nicht aus Christus. Er hat nicht gesagt, dass manche Lüge aus der Wahrheit, und manche nicht aus der Wahrheit stammt. Vernehmt die Meinung des Apostels, damit ihr euch nicht auf die Schulter klopft, schmeichelt, täuscht und gegenseitig übel mitspielt. *Keine Lüge stammt von der Wahrheit.* Wir wollen also schauen, wie die Antichristen lügen, denn es gibt ja nicht nur eine Art Lüge. *Wer ist der Lügner, wenn nicht der, der leugnet, dass Jesus der Christus ist? Das ist der Antichrist, der den Vater und den Sohn leugnet* (1 Joh 2,22).

Der Name Jesus hat eine Bedeutung, der Name Christus eine andere: Obwohl Jesus Christus, unser Erlöser, eine Person ist, ist ihm dennoch nur der Name Jesus eigen. Wie Mose oder Elias oder Abraham mit ihrem Eigennamen genannt wurden, so hat auch unser Herr seinen Namen Jesus. Dagegen bezeichnet der Name Christus die Funktion eines heiligen Charakters. Wie einer auch Prophet oder Priester genannt wird, so empfiehlt sich Christus als der Gesalbte, in dem das ganze Volk Israel erlöst werden sollte. Das jüdische Volk hoffte auf das Kommen dieses Christus; weil er in Niedrigkeit kam, wurde er nicht erkannt. Weil er ein kleiner Stein war, stießen sie sich an ihm und zerbrachen. Aber der Stein wuchs und wurde zu einem großen Berg (vgl. Dan 2,35); und was sagte die Heilige Schrift? *Jeder, der auf diesen Stein fällt, wird zerschellen; auf wen der Stein aber fällt, den wird er zermalmen* (Lk 20,18). Diese Worte sind zu unterscheiden: Wer auf ihn fällt, wird zerschellen, über wen er aber kommt, den zermalmt er. Zuerst ist er in Niedrigkeit gekommen, und die Menschen haben sich an ihm gestoßen. In Erhabenheit wird er zum Gericht kommen; über wen er dann kommt, den wird er zermalmen.[2] Aber der Kommende wird den nicht zermalmen, den er, als er kam, nicht zerschmettert hat. Wer am Niedrigen sich nicht gestoßen hat, braucht den Erhabenen nicht zu fürchten. Für alle Bösen ist Christus ein Stein des Anstoßes; was immer Christus sagt, ist für sie bitter. [III, 6]

Loslösung von der Kirche

Hört also und seht: Es besteht kein Zweifel, dass alle, die von der Kirche weggehen und von ihrer Einheit abgeschnitten werden, Antichristen sind; darauf hat der Apostel selbst hingewiesen: *Sie sind aus unserer Mitte gekommen, aber sie haben nicht zu uns gehört; wenn sie zu uns gehörten, wären sie bei uns geblieben.* Alle, die also nicht bei uns bleiben, sondern von uns weggehen, sind offensichtlich Antichristen. Und wie erweisen sie sich als Antichristen? Durch die Lüge. *Wer ist der Lügner, wenn nicht der, der leugnet, dass Jesus der Christus ist?* Befragen wir die Häretiker: Wo aber findest du einen Häretiker, der leugnet, dass Jesus der Christus ist? Meine Brüder, seht das große Geheimnis: Erspürt, was Gott der Herr uns eingibt, und was ich in euer Herz legen möchte. Da sind sie von uns weggegangen und zu Donatisten geworden. Fragen wir sie, ob Jesus auch der Christus ist, bekennen sie das sofort. Ist also der ein Antichrist, der leugnet, dass

[2] Die Juden haben sich am kleinen Stein gestoßen, an Christus, den sie in der Niedrigkeit seines Erdendaseins nicht erkannt haben, die Bösen lehnen den Berg Christus, der die Kirche ist, ab. Vgl. Frederik van der Meer, *Augustinus*, a.a.O., 106.

Jesus der Christus ist, können wir uns nicht gegenseitig Antichristen nennen, und auch nicht voneinander sagen, dass sie oder wir aus der Kirche weggegangen sind. Sind sie nicht von uns weggegangen, sind wir noch eine Einheit. Besteht diese Einheit noch, was sollen dann aber in dieser Stadt zwei Altäre? Warum gibt es geteilte Familien, getrennte Ehepaare? Was bedeutet, ein gemeinsames Bett zu haben, aber keinen gemeinsamen Christus?

Daher ermahnt uns der Apostel, der will, dass wir die Wahrheit bekennen: Entweder haben sie sich von uns oder wir uns von ihnen getrennt. Unvorstellbar, dass wir uns von ihnen getrennt haben, denn wir haben das Vermächtnis des Herrenerbes: Wir rezitieren es und finden dort die Worte: *Ich gebe dir die Völker zum Erbe, zu deinem Besitz die Enden der Erde* (Ps 2,8). Wir halten uns an das Erbe Christi, jene nicht. Sie haben nicht teil am Erdkreis, und an der durch das Blut des Herrn erlösten Welt. Wir haben den Herrn, der, von den Toten auferstanden, sich von den Händen der zweifelnden Jünger berühren ließ. Und da sie noch immer zweifelten, sagte er zu ihnen: *Der Messias musste leiden und am dritten Tag von den Toten auferstehen, und in seinem Namen wird allen Völkern Umkehr verkündigt werden zur Vergebung der Sünden.* Wo geschieht das, wie und für wen? *Für alle Völker, angefangen von Jerusalem* (Lk 24,46f.). Wir sind sicher, dass das Erbe des Herrn ein einziges ist. Wer an diesem Erbe nicht teilhat, der ist weggegangen. [III, 7]

Mangelnde Entsprechung der Taten

Aber seien wir nicht traurig. *Sie sind aus unserer Mitte gekommen, aber sie haben nicht zu uns gehört; wenn sie zu uns gehörten, wären sie bei uns geblieben.* Wenn sie also aus unserer Mitte gekommen sind, sind sie Antichristen und Lügner. Sind sie Lügner, dann leugnen sie, dass Jesus der Christus ist. Wir kommen erneut auf diese schwierige Frage zurück: Fragt man sie einzeln, bekennen sie Jesus als den Christus. Unsere beschränkte Einsicht hindert uns bei der Auslegung dieses Johannesbriefes. Sicher seht ihr das Problem, das uns und sie verwirrt, wenn es nicht gelöst wird. Entweder sind wir die Antichristen oder sie sind es: Jene nennen uns Antichristen und sagen, dass wir aus ihrer Mitte weggegangen sind. Wir sagen dasselbe zu ihnen, aber dieser Brief hat deutlich auf die Antichristen verwiesen: Jeder der leugnet, dass Jesus der Christus ist, ist ein Antichrist. Fragen wir uns also, wer lügt, und achten wir nicht auf die Worte, sondern auf die Taten. Denn wenn alle befragt werden, bekennen alle mit dem Mund, dass Jesus der Christus ist. Aber die Worte sollen nun kurz verstummen, und man frage stattdessen das Leben. Wenn wir herausfinden, wenn uns sogar die Heilige Schrift sagt, dass die Leugnung nicht nur mit dem Mund geschieht, sondern auch durch Taten, dann finden wir viele Antichristen, die Christus mit dem Mund bekennen, mit ihren Gebräuchen aber von Christus fern sind. Wo finden wir das in der Heiligen Schrift? Vernimm, was der Apostel Paulus über eben diese sagt: *Sie beteuern, Gott zu kennen, durch ihr Tun aber verleugnen sie ihn* (Tit 1,16). Und so finden wir auch die Antichristen: Wer immer Christus mit seinen Taten verleugnet, ist ein Antichrist. Ich höre nicht auf seine gut klingenden Worte, sondern schaue auf das, was er lebt. Die Taten sprechen, und wir fragen nach Worten? Denn welcher böse Mensch will nicht gut reden? Aber was sagt der Herr über diese? *Ihr Schlangenbrut, wie könnt ihr Gutes reden, wenn ihr böse seid?* (Mt 12,34). Eure Stimme dringt an mein Ohr, ich aber sehe eure Gedanken, ich sehe euren bösen Willen, und ihr zeigt schlechte Früchte. Ich weiß, was ich wo ernte: Von Disteln ernte ich keine Feigen und von Dornen keine Trauben. Denn jeden Baum erkennt man an seinen Früchten (vgl. Mt 7,16). Wer Jesus als den Christus mit dem Mund bekennt, und ihn mit den Taten verleugnet, ist als Antichrist ein größerer Lügner, weil er etwas anderes sagt als er tut. [III, 8]

Leugnung der Sünde

Wenn also, meine Brüder, die Werke untersucht werden müssen, finden wir nicht nur viele Antichristen, die weggegangen sind, sondern auch viele, die das noch nicht deutlich gezeigt haben, und noch nicht von uns weggegangen sind. Denn wie viele Meineid Leistende, Betrüger, Zauberer, Übeltäter, Weissager, Ehebrecher, Trunkenbolde, Wucherer, Sklavenhändler und alles, was wir nicht aufzählen können, leben unter dem Dach der Kirche, und stehen der Lehre Christi, dem Wort Gottes, entgegen. Das Wort Gottes aber ist Christus und was sich gegen das Wort Gottes wendet, gehört zum Antichristen, denn der Antichrist wendet sich gegen Christus.[3] Wollt ihr wis-

[3] Augustinus konnte nicht übersehen, dass es in der Catholica viel Unkraut gab. Aber, so schreibt Ernst Dassmann, *Augustinus*, a.a.O., 151, er «widersteht der Versuchung, den unerquicklichen Zustand zu bereinigen und schon jetzt die Spreu vom Weizen zu trennen; diese Trennung muss dem Endgericht Gottes vorbehalten bleiben.»

sen, wie sie Christus offen widerstehen? Bisweilen geschieht es, dass sie etwas Schlimmes anstellen, und man versucht, sie zurechtzuweisen. Weil sie es nicht wagen, über Christus zu lästern, lästern sie über seine Diener, von denen sie zurechtgewiesen wurden: Zeigst du ihnen aber, dass du die Worte Christi, nicht deine Worte sprichst, versuchen sie mit aller Kraft, dich zu überzeugen, dass es deine Worte sind, nicht die Worte Christi. Auch wenn es offensichtlich ist, dass du die Worte Christi sprichst, gehen sie gegen Christus vor und kritisieren ihn. Sie fragen: Wie und warum hat er uns so geschaffen? Ist das nicht die tägliche Sprache der Menschen, die von ihren Taten überzeugt sind? Unter dem Einfluss ihres schwachen Willens klagen sie dann ihren Schöpfer an. Dieser aber ruft ihnen vom Himmel her zu (denn er hat uns nicht nur geschaffen, er hat uns neugeschaffen): Was habe ich dir getan? Ich habe den Menschen geschaffen, nicht die Habsucht, den Diebstahl und nicht den Ehebruch. Du hast den Lobpreis meiner Werke gehört. Aus dem Mund der drei Jünglinge erklang der Lobgesang, der sie vor dem Feuer bewahrte (vgl. Dan 3,24-90). Die Werke des Herrn loben den Herrn: Es lobt der Himmel, die Erde, das Meer, alles im Himmel lobt: die Engel, die Sterne, die Leuchten; was schwimmt, fliegt, umhergeht, kriecht – all das lobt den Herrn. Hast du je gehört, dass die Habsucht den Herrn lobt oder die Trunkenheit, dass Prunksucht oder Possenhaftigkeit den Herrn loben?[4] Was du den Herrn nicht loben hörst, hat er nicht geschaffen. Ändere dein Tun, da-

[4] Augustinus greift in diesem Abschnitt also die Betrüger, Zauberer und Sterndeuter an und entlarvt sie als Ungläubige, die sich von ihrem Schöpfer entfernt haben.

mit das Werk Gottes in dir bewahrt bleibe. Willst du das nicht, und liebst und umfängst stattdessen deine Sünden, stehst du Christus entgegen. In der Kirche oder außerhalb von ihr bist du ein Antichrist: Drinnen oder draußen bist du Spreu. Aber warum bist du nicht draußen? Nur, weil kein Windstoß dich bisher erreicht hat. [III, 9]

Gewissensprüfung

Liebe Brüder: Diese Zusammenhänge sind uns nun schon klar geworden. Keiner sage: Ich verehre Christus nicht, sondern Gott den Vater. *Jeder, der den Sohn leugnet, hat auch den Vater nicht; wer den Sohn bekennt, hat auch den Vater* (1 Joh 2,23). Euch, den Weizen, spricht er an, und die Spreu waren, mögen es hören und zu Weizen werden. Ein jeder prüfe sein Gewissen: Wenn er ein Liebhaber der Welt ist, ändere er sich und werde ein Liebhaber Christi, damit er kein Antichrist sei. Wirft ihm das einer vor, gerät er in Zorn und meint, ihm sei ein Unrecht widerfahren. Vielleicht droht er sogar mit einer Anklage, wenn er vom Streitenden hört, er sei ein Antichrist. Christus sagt zu ihm: Habe Geduld, wenn du etwas Falsches gehört hast, freue dich mit mir, denn auch ich höre Falsches von den Antichristen. Hast du aber etwas Wahres gehört, gehe in dich, und wenn du dich fürchtest, es zu hören, dann fürchte noch mehr, es zu sein. [III, 10]

Der Lohn – ewiges Leben

Was ihr von Anfang an gehört habt, soll in euch bleiben; wenn in euch bleibt, was ihr von Anfang an gehört habt, dann werdet auch ihr im Sohn und im Vater bleiben (1 Joh

2,24f.). Vielleicht fragst du nach dem Lohn und sagst: Was ich von Anfang an gehört habe, bewahre ich, befolge ich: Die Gefahren, die Mühen, die Versuchungen ertrage ich für dieses Ausharren; mit welcher Frucht, für welchen Lohn? Was wird er mir dafür geben, dass ich mich in dieser Welt unter Versuchungen mühe? Hier finde ich keine Ruhe, die Sterblichkeit beschwert die Seele, und der Leib, der zuschanden wird, drückt in die Tiefe. Aber ich ertrage alles, damit das, was ich von Anfang an gehört habe, in mir bleibt. Ich sage zu meinem Gott: *Wegen der Worte deiner Lippen habe ich schwierige Wege bewahrt* (vgl. Ps 16, 4). Aber für welchen Lohn? Vernimm es, und erlahme nicht. Wenn du in der Mühsal erlahmst, sei stark dank des verheißenen Lohnes. Wer arbeitet schon in einem Weinberg, und verzichtet in seinem Herzen auf das, was er behalten wird? Lass ihn seinen Lohn vergessen, seine Hände untätig werden. Die Erinnerung an den versprochenen Lohn macht im Tun beharrlich, wobei es nur ein Mensch ist, der etwas versprochen hat und der dich täuschen kann. Wieviel mehr musst du auf dem Acker Gottes wirken, wenn die Wahrheit verheißen hat, die weder Nachfolge noch Tod kennt, und auch den nicht täuschen kann, dem sie verheißen wird? Schauen wir, was sie verheißen hat. Ist es Gold, das die Menschen hier so sehr lieben, oder Silber? Oder Besitztümer, in die die Menschen ihr Gold umwandeln, obgleich sie es sehr wertschätzen? Oder liebliche Landgüter, großzügige Häuser, viele Sklaven, zahlreiche Tiere? Nein, das ist nicht der Lohn, für den der Apostel uns mahnt, in der Mühsal auszuhalten. Worin besteht also der Lohn? Im ewigen Leben. Ihr habt es gehört, und euch unter lautem Jubel gefreut: Liebt, was ihr gehört habt, und ihr werdet befreit von euren Mühsalen in die Ruhe des ewigen Lebens. Das ist es, was Gott verheißt: das ewige Leben. Das ist es, womit Gott droht: dem ewigen Feuer. Was sagt er zu denen, die zu seiner Rechten stehen: *Kommt her, die ihr von meinem Vater gesegnet seid, nehmt das Reich in Besitz, das seit der Erschaffung der Welt für euch bestimmt ist.* Und zu denen auf seiner Linken: *Weg von mir, ihr Verfluchten, in das ewige Feuer, das für den Teufel und seine Engel bestimmt ist* (Mt 25,34.41). Liebst du den Lohn noch nicht, so fürchte wenigstens das Feuer. [III, 11]

Verheissungen

Bedenkt also, meine lieben Brüder, dass Christus uns das ewige Leben verheißen hat: *Und das ist die Verheißung, die er uns verheißen hat: das ewige Leben. Dies habe ich euch über die geschrieben, die euch in die Irre führen* (1 Joh 2,25f.). Niemand verführe euch zum Tod, verlangt die Verheißung des ewigen Lebens. Was kann die Welt dagegen versprechen? Was sie auch versprechen mag, verspricht sie einem, der vielleicht morgen stirbt. Mit welchem Gesicht wirst du dann vor den treten, der in Ewigkeit bleibt? Aber, erwiderst du, ein mächtiger Mensch drängt mich, etwas Schlechtes zu tun. Womit droht er? Mit Kerker, Ketten, Feuer, Qualen, wilden Tieren; etwa auch mit ewigem Feuer? Erschaudere vor der Drohung des Allmächtigen, liebe die Verheißung des Allmächtigen; zu nichts wird dann die ganze Welt, ob sie verspricht oder droht. *Dies habe ich euch über die geschrieben, die euch in die Irre führen. Was euch betrifft, so bleibt die Salbung, die ihr von ihm empfangen habt, in euch* (1 Joh

2,26f.). Es ist das Geheimnis der Salbung, eine unsichtbare Kraft, eine unsichtbare Salbung, der Heilige Geist. Die unsichtbare Salbung ist jene Liebe, die, in wem auch immer sie lebendig ist, zu einer Wurzel wird, die von der brennenden Sonne nicht verdorrt werden kann. Alles, was Wurzel hat, wird von der Wärme der Sonne genährt; es verdorrt nicht. [III, 12]

Christus: wahrer Lehrer

Ihr braucht euch von niemandem belehren zu lassen wie euch vielmehr seine Salbung über alles belehrt (1 Joh 2,27). Meine Brüder, was machen wir da, da wir euch belehren? Wenn seine Salbung euch über alles belehrt, arbeiten wir sozusagen nutzlos. Und wozu so viele Worte? Vertrauen wir besser auf seine Salbung; sie möge euch belehren. Aber ich stelle mir nun diese Frage und ich stelle sie auch dem Apostel: Er möge den kindlich Fragenden gnädig anhören. Johannes, so frage ich: Hatten die die Salbung, an die du dich gewandt hattest? Du hast geantwortet: *Seine Salbung belehrt euch über alles.* Warum hast du dann diesen Brief geschrieben? Warum hast du sie belehrt, warum sie instruiert, warum sie erbaut?

Hier erkennt ihr schon ein großes Geheimnis, Brüder, der Klang unserer Worte dringt in euer Ohr, der Lehrer aber ist in ihnen. Meint nicht, etwas von einem Menschen lernen zu können. Mit dem Klang unserer Stimme können wir ermahnen; ist der Lehrende nicht in ihm, ist unser Klang wertlos. Wollt ihr es ganz genau wissen, Brüder? Habt ihr nicht alle diese Predigt gehört? Wie viele gehen wohl ohne eine Belehrung von hier weg? Was mich betrifft, habe ich zu allen gesprochen, aber die, zu denen jene Salbung nicht innerlich spricht, die der Heilige Geist nicht innerlich belehrt, sie gehen ohne Belehrung weg. Das Lehramt ist durch seine Sichtbarkeit eine gewisse Hilfe und ein Hinweis. Im Himmel hat der seine Kathedra, der die Herzen belehrt. Deshalb sagt der Herr im Evangelium: *Ihr sollt euch nicht auf Erden Lehrer nennen lassen, denn nur einer ist euer Lehrer, Christus* (Mt 23,10). Möge er selbst in eurem Inneren zu euch sprechen, wenn dort kein Mensch ist, denn auch wenn einer an deiner Seite ist, ist doch keiner in deinem Herzen. Niemand sei also in deinem Herzen, nur Christus sei in deinem Herzen. Seine Salbung sei in deinem Herzen, damit das dürstende Herz nicht einsam sei und Quellen finde, die es erquicken.

In eurem Inneren ist also der Lehrer, der lehrt: Christus lehrt, seine Eingebung lehrt. Wo seine Eingebung und seine Salbung nicht sind, machen Worte vergeblich Lärm. So sind diese Worte, Brüder, die wir von außen sagen, wie ein Bauer gegenüber seinem Baum: Von außen arbeitet er, setzt Wasser ein und sorgfältige Bearbeitung, aber was immer er von außen einzusetzen mag, bringt er etwa Früchte hervor? Bekleidet er etwa das nackte Holz mit dem Schatten der Blätter? Tut er so etwas innerlich? Aber wer tut das? Vernehmt den Apostel als Gärtner und seht, was wir sind, und hört den inneren Lehrer: *Ich habe gepflanzt, Apollos hat begossen, Gott aber hat das Gedeihen gegeben. Somit ist weder der etwas, der pflanzt, noch der, welcher begießt, sondern Gott, der das Gedeihen gibt* (1 Kor 3,6f.). Das sagen wir euch also: Ob wir pflanzen oder begießen, wenn wir sprechen, sind wir nichts. Aber jener, der das Gedeihen gibt, ist Gott, seine Salbung belehrt euch über alles. [III, 13]

VIERTE PREDIGT[1] zu 1 Joh 2,27-3,9

Wahr ist
Wir besiegen den Teufel nur, wenn wir im Hören auf Gott und im Bewahren des Glaubens unsere Sünden bekennen. Und wir sind aus Gott, wenn wir als Christen geduldig die Wiederkunft Christi erwarten, als Nachahmer Gottes durch Christus.

Gott Raum geben

Erinnert euch, Brüder, die gestrige Lesung endete bei dem Gedanken, dass *es nicht nötig ist, dass einer euch belehrt, denn seine Salbung belehrt euch in allem* (1 Joh 2,27). Ich bin sicher, dass ihr euch an das erinnert, was wir euch dargelegt haben: nämlich, dass wir zu euren äußeren Ohren sprechen und wie Arbeiter sind, die einen Baum äußerlich behandeln, aber weder sein Wachstum noch das Heranreifen von Früchten fördern können. Jener aber, der euch erschaffen und erlöst hat, der euch berufen hat und durch den Glauben und den Heiligen Geist in euch wohnt, wenn der nicht in eurem Inneren zu euch spricht, sind unsere Worte wertlos. Woher kommt das? Daher, dass viele hören, aber nicht alle vom Gehörten überzeugt sind; nur die, in deren Innerem Gott spricht. Aber er spricht nur zu denen, die ihm in ihrem Inneren Raum geben. Sie geben Gott Raum, indem sie dem Teufel keinen Raum geben. Denn der Teufel will in den menschlichen Herzen wohnen und gibt ihnen allerlei Verführerisches ein. Aber was sagt der Herr: *Der Fürst dieser Welt ist hinausgeworfen worden* (Joh 12,31).

[1] Vom Mittwoch der Osterwoche.

Von wo? Vom Himmel oder von der Erde? Von der geschaffenen Welt? Nein, aus dem Herzen der Glaubenden. Nach dem Herauswurf des Eindringlings bewohnt es der Erlöser, der uns geschaffen und auch erlöst hat. Der Teufel kämpft schon von außen und besiegt den nicht, der im Innern herrscht. Er kämpft von außen mit verschiedenen Versuchungen, aber der, in dessen Innerem Gott spricht und der die Salbung hat, wie ihr vernommen habt, erliegt ihnen nicht. [IV, 1]

Erwartung im Glauben

Wahr ist, sagt der Evangelist, *sein Salböl,* denn der Geist kann nicht lügen, wenn er die Menschen belehrt. *Es ist keine Lüge. Und wie er euch belehrt hat, so bleibt ihr in ihm. Und jetzt, Kinder, bleibt in ihm. So werden wir seinem Erscheinen mit Zuversicht entgegensehen und nicht beschämt werden, wenn er kommt* (1 Joh 2,27-28). Seht, meine Brüder, wir glauben an Jesus, den wir nicht sehen; ihn haben die verkündet, die ihn gesehen, berührt und sein Wort aus seinem Mund vernommen haben. Um das ganze Menschengeschlecht davon zu überzeugen, wurden sie von ihm gesandt; sie wagten nicht, von sich aus zu gehen. Und wohin wurden sie gesandt? Das habt ihr im Evangelium gehört: *Geht, verkündet das Evangelium allen Geschöpfen unter dem Himmel* (Mk 16,15). Die Jünger wurden also überall hin gesandt; Zeichen und Wunder bezeugten ihr Wort, damit man ihnen glaubte, dass sie das verkündeten, was sie gesehen hatten.

Und wir haben an den geglaubt, den wir nicht gesehen haben, und erwarten seine Wiederkehr. Wer immer ihn gläubig erwartet, wird voll Freude sein, wenn er wiederkommt. Die Ungläubigen werden sich aber schämen, wenn der kommt, den sie jetzt nicht sehen. Und ihre Bestürzung wird nicht einen Tag dauern, dann vergeht sie, wie gewöhnlich bei denen, die bestürzt sind, weil sie aufgrund irgendeiner Schuld von den Menschen verhöhnt werden. Diese Bestürzung bringt die Beschämten auf die linke Seite, wo sie die Worte hören werden: *Geht ins ewige Feuer, das durch den Teufel und seine Engel bereitet ist* (Mt 25,41). Bleiben wir also seinem Wort treu, damit wir nicht beschämt werden, wenn er kommt. Das sagt der Herr im Evangelium denen, die an ihn geglaubt haben: *Wenn ihr in meinem Wort bleibt, seid ihr wahrhaft meine Jünger* (Joh 8,31). Fast hätten sie nach ihrem Lohn gefragt. *Ihr werdet die Wahrheit erkennen und die Wahrheit wird euch frei machen* (Joh 8,32). Auf dieser Hoffnung gründet unser Heil, es ist noch nicht Wirklichkeit: Wir besitzen das uns Verheißene noch nicht, aber wir hoffen auf seine zukünftige Verwirklichung. Der uns diese Verheißung gegeben hat, ist treu; er betrügt dich nicht; du darfst nur nicht aufgeben, erwarte die Verheißung. Die Wahrheit kennt keinen Trug. Du darfst kein Lügner sein, so dass du anderes bekennst als wonach du handelst. Bewahre den Glauben und er wird die Verheißung bewahren. Würdest du den Glauben nicht bewahren, hättest du dich betrogen, nicht er, der dir die Verheißung gegeben hat. [IV, 2]

Sieg in Gottes Kraft

Wenn ihr wisst, dass er gerecht ist, erkennt ihr auch, dass jeder, der tut, was der Gerechtigkeit entspricht, aus ihm gezeugt ist (1 Joh 2,29). Unsere Gerechtigkeit kommt allein aus dem Glauben. Vollkommene Gerechtigkeit gibt es bloß bei den Engeln und auch bei den Engeln nur verschwindend im Vergleich mit Gott. Dennoch, wenn es diese vollkommene Gerechtigkeit der Seelen und Geister, die Gott geschaffen hat, gibt, dann nur in den heiligen, gerechten und guten Engeln, die sich durch keine Sünde abgewandt haben, keinem Hochmut verfallen, sondern immer bei der Betrachtung des Wortes Gottes geblieben sind und keine größere Freude kennen als ihn, der sie erschaffen hat. Bei ihnen findet sich die vollkommene Gerechtigkeit; bei uns nahm sie ihren Ursprung aus dem Glauben gemäß dem Geist. Das vernehmt ihr, wenn der Psalm gelesen wird: *Beginnt das Lob des Herrn mit dem Bekenntnis* (Ps 146,7). *Beginnt,* heißt es, der Beginn unserer Gerechtigkeit ist das Bekenntnis der Sünden. Hast du begonnen, deine Sünde nicht zu rechtfertigen, hast du schon mit der Gerechtigkeit begonnen. Sie wird dann vollkommen, wenn dich nichts anderes mehr erfreut, wenn der Tod im Sieg verschlungen ist (vgl. 1 Kor 15,54), wenn keine Begierde dich reizt, wenn in dir kein Kampf mehr herrscht in Fleisch und Blut, wenn du die Siegeskrone errungen hast, den Triumph über den Feind: dann wird die Gerechtigkeit vollkommen sein.

Bis jetzt kämpfen wir noch und wenn wir kämpfen, sind wir noch auf der Laufbahn, wir treiben und werden getrieben, wer aber siegt, ist noch offen. Jener aber siegt, der den Erfolg nicht seinen eigenen Kräften zuschreibt, sondern alles dem Antrieb Gottes. Allein der Teufel kämpft gegen uns. Wir besiegen ihn, wenn wir mit Gott sind, denn kämpfst du allein mit dem Teufel, wirst du besiegt. Er ist ein gewiefter

Feind. Wie viele Siege hat er nicht schon errungen? Bedenkt, von wo er uns vertrieben hat: Damit wir als sterbliche Menschen geboren werden, hat er unsere Vorfahren aus dem Paradies vertrieben. Was also tun, weil er so erfahren ist? Man rufe den Allmächtigen gegen den erfahrenen Teufel zu Hilfe. Er möge in dir wohnen, da er nicht besiegt werden kann, und du besiegst sicher den, der gewöhnlich siegt. Aber in wem? In denen Gott nicht wohnt. Denn wie ihr wisst, Brüder, verstieß Adam im Paradies gegen das Gebot Gottes. Er verlangte danach, eigenmächtig zu sein und sich dem Willen Gottes nicht zu unterstellen, er wurde stolz und verlor seine Unsterblichkeit und Glückseligkeit (vgl. Gen 3,6). Ein schon erfahrener, wenn auch sterblicher Mensch hat den Teufel besiegt, als er im Mist mit Moder und Würmern saß: Adam siegte in der Gestalt Jobs, der sein Nachfahre war. Als Adam im Paradies war, erlitt er eine Niederlage, als er dagegen auf dem Misthaufen saß, errang er einen Sieg. Als er im Paradies war, schenkte er den verführerischen Worten der Frau Gehör, die der Teufel ihr eingegeben hatte. Als er sich auf dem Mist befand, sagte er zu Eva: *Wie eine törichte Frau spricht, so redest auch du* (Job 2,10)[2]. Im Paradies schenkte er ihr Gehör, auf dem Mist gab er ihr eine Antwort. Als er voll Freude war, hörte er hin, als er geplagt wurde, siegte er.

Deshalb, liebe Brüder, erwägt, was in diesem Brief folgt, denn er vertraut uns an, dass wir den Teufel zwar besiegen, aber nicht aus eigener Kraft. *Wenn ihr wisst,*

[2] Job ist Gegenbild zu Adam. Beide sind Urtypen des Menschen in seiner Haltung vor Gott: Demütiger Glaube und stolze Überheblichkeit.

dass er gerecht ist, sagt der Apostel Johannes, *erkennt ihr auch, dass jeder, der tut, was der Gerechtigkeit entspricht, aus ihm gezeugt ist* (1 Joh 2,29), das heißt aus Gott, aus Christus. Indem er sagt, *aus ihm gezeugt,* ermahnt er uns. Da wir aus ihm geboren sind, sind wir also schon vollkommen. [IV, 3]

Liebhaber der Welt

Vernehmt das Wort: *Seht, welche Liebe uns der Vater gegeben hat, dass wir Kinder Gottes heißen, und wir sind es* (1 Joh 3,1). Denn für die, welche so genannt werden und es nicht sind, gilt: Was nützt ihnen der Name, wenn sie ihm nicht nachkommen? Wie viele werden Ärzte genannt, können aber nicht heilen? Wie viele nennen sich Wächter, schlafen aber während der ganzen Nacht? So nennen sich viele Christen, ihren Taten nach sind sie es aber nicht, sie entsprechen nicht der Bezeichnung in ihrem Leben, das heißt im sittlichen Umgang, im Glauben, in der Hoffnung und der Liebe.

Was aber habt ihr hier vernommen, Brüder? *Seht, welche Liebe uns der Vater gegeben hat, dass wir Kinder Gottes heißen, und wir sind es. Darum erkennt die Welt uns nicht, weil sie ihn nicht erkannt hat* (1 Joh 3,1). Die ganze Welt ist christlich und zugleich gottlos, denn auf der ganzen Welt gibt es Gottlose und Fromme, sie kennen sich gegenseitig nicht. Woher wissen wir, dass sie einander nicht kennen? Weil die Gottlosen die beleidigen, die ein rechtschaffenes Leben führen. Habt Acht und schaut, denn vielleicht gibt es auch Gottlose unter euch. Wer von euch rechtschaffen lebt und weltliches Vergnügen verachtet: nicht zum Schauspiel gehen will, sich nicht betrinkt, als wäre das eine heilige Sitte, und was noch schwerer wiegt: wer an den Festtagen der Heiligen, wenn das Patrozinium bevorsteht, nicht unrein werden will; wer sich so verhält, wie ist es möglich, dass er von denen beleidigt wird, die all das tun? Würde er beleidigt, wenn man ihn erkennte? Warum aber erkennt man ihn nicht? Die Welt erkennt ihn nicht. Wer ist die Welt? Es sind die Bewohner der Welt, so wie, sagt man Haus, man seine Bewohner meint[3]. Das habe ich ja schon oft gesagt und ich wiederhole es gerne. Hört ihr von der Welt in negativer Bedeutung, müsst ihr darunter die Liebhaber dieser Welt verstehen; weil sie sie aus Liebe bewohnen, haben sie diesen Namen nach ihr verdient. Deshalb hat die Welt uns nicht erkannt, weil sie ihn nicht erkannt hat. Auch der Herr Jesus Christus wanderte durch die Welt, Gott im Fleisch, verborgen in der Schwäche des Fleisches. Aber warum wurde er nicht erkannt? Weil er in den Menschen alle Sünde offenlegte. Sie liebten die Lust der Sünde und konnten Gott nicht erkennen. Unter dem Einfluss von Fieber liebten sie und waren so zu Unrecht Arzt. [IV, 4]

Kinder Gottes

Was geschieht mit uns? Wir sind bereits aus ihm geboren, aber weil wir noch in der Hoffnung leben, fügt der Apostel hinzu: *Ihr Lieben, jetzt sind wir Kinder Gottes.* Schon jetzt? Was erwarten wir also noch, wenn wir bereits Kinder Gottes sind? *Und,* fügt er hin-

[3] Normalerweise spricht Augustinus vom Haus als Wohnstatt Gottes oder der Seele. Hier scheint der Zusammenhang ganz weltlich auf die Bewohner heidnischer Häuser zu zielen.

zu, *es ist noch nicht zutage getreten, was wir sein werden.* Aber was denn anderes als Kinder Gottes? Vernehmt, was folgt: *Wir wissen aber, dass wir, wenn es zutage tritt, ihm gleich sein werden, denn wir werden ihn sehen, wie er ist* (1 Joh 3,2).

Eure Liebe begreife diese große Verheißung: *Wir wissen aber, dass wir, wenn es zutage tritt, ihm gleich sein werden, denn wir werden ihn sehen, wie er ist.* Beachtet, was dieses *ist* hier heißt. Ihr wisst, was es heißt, und nicht nur heißt, sondern wirklich auch ist, es ist unwandelbar, immerwährend, keiner Veränderung unterlegen, unverderblich; es verbessert sich nicht, weil es schon vollkommen ist, und verschlechtert sich nicht, weil es ewig ist. Was bedeutet es dann? *Im Anfang war das Wort und das Wort war bei Gott und Gott war das Wort* (Joh 1,1). Was heißt das? *Er, der in Gottesgestalt war, erachtete das Gottgleichsein nicht als Beutestück* (Phil 2,6). Die Ungläubigen können Christus nicht in der Gestalt Gottes sehen als das Wort Gottes, als den Eingeborenen des Vaters, eines Wesens mit ihm. Dagegen können auch die Ungläubigen ihn als das Fleisch gewordene Wort sehen, denn am Tag des Gerichts werden ihn auch die Ungläubigen sehen, denn er kommt, um zu richten, wie er gekommen war, um gerichtet zu werden. An und für sich Mensch, aber doch Gott, denn *verflucht, wer seine Hoffnung auf einen Menschen setzt* (Jer 17,5). Als Mensch kam er, um gerichtet zu werden, als Mensch wird er kommen, um zu richten. Und wenn er nicht gesehen wird, warum wurde geschrieben: *Sie werden auf den blicken, den sie gekreuzigt haben* (Joh 19,37)? Von den Gottlosen wird nämlich gesagt, dass sie sehen und zugrunde gehen werden. Wie können sie den Herrn nicht sehen, wenn er die einen zu seiner Rechten, die anderen zu seiner Linken stellt? Zu denen zu seiner Rechten wird er sagen: *Kommt, ihr Gesegneten meines Vaters, nehmt das Reich in Besitz* (Mt 25,34). Zu denen zu seiner Linken: *Geht in das ewige Feuer* (Mt 25,41). Sie werden Christus sehen, aber nur in Knechtsgestalt, in der Gestalt Gottes werden sie ihn nicht sehen. Warum? Weil sie gottlos sind und der Herr selbst sagt: *Selig, die ein reines Herz haben, denn sie werden Gott schauen* (Mt 5,8). Wir werden also sehen, Brüder, was kein Auge gesehen, kein Ohr gehört und kein menschliches Herz sich vorgestellt hat (vgl. 1 Kor 2,9), etwas, das alle irdischen Schönheiten übertrifft, das Gold, das Silber, die Wälder und Felder, das Meer und den Himmel, die Sonne und den Mond, die Sterne und die Engel; alles wird diese Schönheit übertreffen, weil aus ihr alles schön ist. [IV, 5]

Heilige Sehnsucht

Was werden wir also sein, wenn wir das sehen? Was ist uns verheißen? *Wir werden ihm ähnlich sein, denn wir werden ihn sehen, wie er ist.* Die Zunge pries nach Kräften, alles weitere werde mit dem Herzen erwogen. Denn was hat selbst Johannes verkündet im Vergleich zu dem, der ist, oder was können uns Menschen sagen, die gegenüber seiner Größe absolut gering sind?

Kommen wir jetzt auf die Salbung zurück, die uns innerlich lehrt, was wir mit Worten nicht wiedergeben können. Weil ihr sie jetzt nicht sehen könnt, liegt eure Pflicht in der Sehnsucht nach ihr. Das ganze Leben eines guten Christen ist heilige Sehnsucht. Was du ersehnst, siehst du noch nicht, aber die Sehnsucht setzt dich in Stand, dass, wenn das, was du siehst, kommt, es dich erfüllt. Wenn du ein Gefäß füllen willst und du kennst den ihm zugedachten Inhalt, dann weitest du das Gefäß, den Sack, den Schlauch oder was auch immer. Du weißt, wieviel du hineinfüllen sollst und siehst, wie klein das Gefäß ist; durch Weiten passt du es an. Ebenso verstärkt auch Gott durch eine Verzögerung unsere Sehnsucht nach ihm. Mit der Sehnsucht weitet er unseren Geist und macht ihn aufnahmefähig.

Haben wir also Sehnsucht, Brüder, damit wir mit ihr erfüllt werden. Schaut auf Paulus, wie sehr er sich weitete, um das Kommende aufzunehmen. Denn er sagt: *Nicht dass ich es schon erreicht hätte oder dass ich schon vollendet wäre. Brüder, ich bilde mir nicht ein, dass ich es schon ergriffen hätte* (Phil 3,12f.). Was tust du, wenn du es noch nicht ergriffen hast? *Eines aber tue ich: Ich vergesse, was hinter mir liegt, und strecke mich nach dem aus, was vor mir ist. Das Ziel vor Augen jage ich nach dem Siegespreis: der himmlischen Berufung* (Phil 3,13f.). Er strecke sich aus, sagt er, und jage dem Ziele nach. Er fühlte sich noch zu gering, um zu erfassen, was kein Auge gesehen und kein Ohr gehört hat und in kein menschliches Herz emporgestiegen ist. Darin besteht unser Leben, dass wir uns in die Sehnsucht einüben.[4] Die heilige Sehnsucht übt uns aber in dem Maß ein, als wir unsere Sehnsüchte von weltlicher Liebe fernhalten. Wir haben schon einmal gesagt, leere, was gefüllt werden soll. Stelle dir vor, Gott will dich mit Honig füllen, wenn du voll Essig bist, wohin dann

[4] Vergleiche auch den Zusammenhang bei Ernst Dassmann, *Augustinus*, a.a.O., 54.

mit dem Honig? Man muss den Gefäßinhalt ausgießen und das Gefäß reinigen, wenn auch unter Mühen und Reiben, damit es den guten vorgesehenen Inhalt aufnehmen kann. Nennen wir ihn abwertend Gold oder Wein: Was immer wir sagen, es wird nicht gesagt, was wir sagen wollen. Sagen wir ‹Gott›, was haben wir damit gesagt? Nur zwei Silben (De-us), was erwarten wir da? Was immer wir auch zu sagen vermögen, es bleibt hinter der Wirklichkeit zurück. Strecken wir uns nach ihm aus, damit er uns bei seinem Kommen fülle. *Wir werden ihm ähnlich sein, denn wir werden ihn sehen, wie er ist.* [IV, 6]

Auf ihn hoffen

Und jeder, der solche Hoffnung auf ihn setzt (1 Joh 3,3). Ihr seht, Hoffnung hat er in uns gesetzt. Betrachtet die vollkommene Übereinstimmung zwischen dem Apostel Paulus und seinem apostolischen Mitbruder: *Denn wir sind gerettet, doch in der Hoffnung. Hoffnung aber, die man schon erfüllt sieht, ist keine Hoffnung. Wie kann man auf etwas hoffen, das man sieht. Hoffen wir aber auf das, was wir nicht sehen, dann harren wir aus in Geduld* (Röm 8,24f.). Warten in Geduld verstärkt die Sehnsucht. Bleibe du, denn er bleibt immer, halte durch auf dem Weg zu ihm, denn wohin du dich wendest, er entfernt sich nicht. Vernehmt: *Und jeder, der solche Hoffnung auf ihn setzt, heiligt sich selbst, so wie jener heilig ist* (1 Joh 3,3). Ihr seht, dass Gott uns nicht den freien Willen nimmt,[5] wenn er sagt: *so wie jener heilig ist.* Wer heiligt uns, wenn nicht Gott? Aber

[5] Ein unüberhörbarer Hinweis auf die menschliche Willensfreiheit; vgl. auch Hermenegild M. Biedermann, *Unteilbar*, a.a.O., 174.

Gott heiligt dich nicht gegen deinen Willen. Indem du also deinen Willen mit Gott verbindest, heiligst du dich selbst. Nicht aus dir selbst heraus heiligst du dich, sondern durch den, der kommt, um in dir zu wohnen. Weil du aber dennoch etwas mit deinem Willen tust, kommt auch dir ein Anteil zu. Deshalb ist es dein Anteil, dass du mit dem Psalmisten betest: *Du wurdest meine Hilfe, verstoß mich nicht* (Ps 26,9). Wenn du betest: *Du wurdest meine Hilfe,* tust du etwas, denn wenn du nichts tust, wie kann er dir dann helfen?[6] [IV, 7]

Gerechtigkeit aus dem Glauben

Jeder, der sündigt, begeht eine Ungerechtigkeit (1 Joh 3,4). Niemand soll sagen: Das eine ist Sünde, das andere Ungerechtigkeit, oder: Ich bin Sünder, aber ich bin nicht ungerecht. Denn *jeder, der sündigt, begeht eine Ungerechtigkeit, denn Sünde ist Ungerechtigkeit.* Was also tun mit unseren Sünden und Ungerechtigkeiten? Vernimm, was der Apostel hinzufügt: *Ihr wisst: Er ist erschienen, damit er die Sünden hinwegnehme; und Sünde ist nicht in ihm* (1 Joh 3,5). Der, in dem keine Sünde ist, ist gekommen, um die Sünden wegzunehmen. Denn gäbe es auch in ihm Sünde, müsste sie auch ihm weggenommen werden; er würde sie nicht selbst wegnehmen. *Jeder, der in ihm bleibt, sündigt nicht.* Je mehr er in ihm bleibt, desto weniger sündigt er. *Jeder, der sündigt, hat ihn nicht gesehen und nicht erkannt* (1 Joh 3,6). Hier stellt sich ein großes Problem: *Jeder,*

[6] Hier wird dem Menschen ein Anteil an seinem Heil zugesprochen, was nicht der Aussage widerspricht, dass niemand den Glauben in sich selbst erzeugen kann. Vgl. oben, Einführung, 11.

der sündigt, hat ihn nicht gesehen und nicht erkannt. Es ist nicht erstaunlich: Wir haben ihn nicht gesehen, wir werden ihn aber sehen, wir haben ihn nicht erkannt, aber wir werden ihn erkennen: Wir glauben an ihn, den wir nicht erkannt haben. Oder vielleicht haben wir ihn im Glauben erkannt, aber noch nicht in der Schau? Ja, im Glauben haben wir ihn gesehen und erkannt. Denn sähe der Glaube nicht, warum werden wir dann erleuchtet genannt?[7] Es gibt eine Erleuchtung im Glauben und eine Erleuchtung in der Schau. Solange wir auf Erden pilgern, wandern wir im Glauben, nicht in der Schau (vgl. 2 Kor 5,7). Auch unsere Gerechtigkeit vollzieht sich im Glauben, nicht in der Schau. Unsere Gerechtigkeit wird vollkommen sein, wenn wir durch die Schau sehen werden. So wollen wir die Gerechtigkeit, die aus dem Glauben stammt, nicht aufgeben, denn *der Gerechte lebt aus dem Glauben*, sagt der Apostel (Röm 1,17). *Jeder, der in ihm bleibt, sündigt nicht,* denn *wer sündigt, hat ihn nicht gesehen und nicht erkannt.* Wer nicht glaubt, der sündigt; glaubt er aber, so sündigt er nicht aufgrund seines Glaubens. [IV, 8]

Gott ähnlich werden

Kinder, niemand soll euch in die Irre führen! Wer tut, was der Gerechtigkeit entspricht, ist gerecht, wie jener gerecht ist (1 Joh 3,7). Sobald wir vernommen haben, dass wir *wie jener* gerecht sind, dürfen wir uns da etwa Gott gleich halten? Ihr müsst wissen, was dieses *wie* bedeutet, denn eben hatte er gesagt: Er *heiligt sich selbst, so wie jener heilig ist.* Ist also unsere Heiligkeit gleich

[7] Erleuchtet sind die Christen dank der Taufe.

wie die Heiligkeit Gottes, und unsere Gerechtigkeit dieselbe wie die Gerechtigkeit Gottes? Wer kann das behaupten? Aber dieses *wie* schließt nicht immer Gleichheit ein.

Angenommen, jemand hat eine große Basilika gesehen und will eine kleinere bauen, aber in derselben Proportion, nach denselben Maßen wie die große, im Verhältnis eins zu zwei (eine Breite und doppelte Länge), dann hat er sie scheinbar wie die große gebaut. Aber diese misst 100 Ellen und die kleine 30 Ellen: Sie ist gleich und doch nicht gleich. Ihr seht also, dass dieses *wie* sich nicht immer auf Gleichheit und Gleichwertigkeit bezieht. Ein anderes Beispiel: Ihr seht den Unterschied zwischen dem Gesicht eines Mannes und seines Spiegelbildes: Das Gesicht im Spiegel ist ein Abbild, das leibliche Gesicht ist echt. Was sagen wir dazu? Hier und dort sind Augen, hier und dort sind Ohren. Verschieden ist die Sache, aber das *wie* benutzt man aufgrund der Ähnlichkeit.

Auch wir sind also das Bild Gottes, aber nicht dasselbe, das der dem Vater gleiche Sohn ist. Wären wir gemäß unserem Modell nicht wie jener, würden wir ganz und gar nicht ihm ähnlich genannt. Er heiligt uns also, wie er heilig ist. Aber jener ist von Ewigkeit heilig, wir sind es durch den Glauben: Wir sind gerecht, wie er gerecht ist, er aber unwandelbar und ewig, wir im Glauben an den, den wir nicht sehen, um ihn dann ein für alle Mal zu sehen. Und wenn unsere Gerechtigkeit vollendet sein wird, wenn wir den Engeln gleich sein werden, auch dann wird unsere Gerechtigkeit ihm nicht gleich sein. Wie weit ist sie also jetzt von der seinen entfernt, wenn sie auch dann der seinen nicht gleich sein wird? [IV, 9]

Sünde: Nachahmung des Teufels

Wer sündigt, ist aus dem Teufel, denn der Teufel sündigt von Anfang an (1 Joh 3,8). *Er ist aus dem Teufel,* ihr wisst, was das heißen soll, nämlich du ahmst den Teufel nach. Der Teufel hat niemanden gemacht, niemanden gezeugt, niemanden erschaffen, aber wer auch immer den Teufel nachgeahmt hat, ist sozusagen von ihm geboren, ein Sohn des Teufels, durch Nachahmung, nicht eigentlich durch Geburt. Auf welche Weise bist du denn ein Sohn Abrahams? Hat er dich etwa gezeugt? Wie sind die Juden, die als Söhne Abrahams seinen Glauben nicht nachahmten, Söhne des Teufels geworden? Dem Fleische nach aus Abraham geboren haben sie seinen Glauben nicht nachgeahmt. Aus ihm geboren wurden sie enterbt, weil sie ihn nicht nachahmten. Du, der du nicht aus Abraham geboren bist, wirst ein Sohn sein, nicht durch Geburt, sondern durch Nachahmung. Hast du aber den Teufel in seinem Stolz und Frevel Gott gegenüber nachgeahmt, wirst du ein Sohn des Teufels sein, der dich weder erschaffen noch gezeugt hat. [IV, 10]

Zwei Geburten: Adam und Christus

Dazu ist der Sohn Gottes erschienen (1 Joh 3,8). Brüder, also sind alle Sünder aus dem Teufel geboren, sofern sie Sünder sind. Adam wurde von Gott erschaffen, doch als er auf den Teufel hörte, wurde er aus dem Teufel geboren, und alle, die er erzeugt hat, waren wie er. Wir sind mit einer Begierde geboren; noch bevor unsere eigene Schuld dazukommt, sind wir aus dieser Verurteilung geboren. Denn würden wir ohne Sünde geboren, warum bringt man dann die Kinder eilig zur Taufe, damit sie von der Erbsünde befreit werden? Brüder, bedenkt also diese beiden Geburten: die Adams und die Christi, der erste ist nur Mensch, der zweite Gottmensch. Wir sind Sünder durch den Menschen, Gerechtfertigte durch den Gottmenschen. Die erste Geburt hat uns dem Tod unterworfen, die zweite Geburt hat uns zum Leben erhoben. Jene brachte die Sünde, diese befreit von der Sünde. Deshalb kam Christus als Mensch, um die Sünden der Menschen zu vernichten. *Dazu ist der Sohn Gottes erschienen, dass er die Werke des Teufels zerstöre.* [IV, 11]

Sündigt der Mensch?

Den übrigen Text, liebe Brüder, empfehle ich euch, um euch nicht zu belasten. Denn die Frage, um deren Lösung wir uns mühen, lautet, dass wir uns Sünder nennen, denn wer sagt, er sei ohne Sünde, ist ein Lügner. In eben diesem Brief des Johannes steht zu lesen: *Wenn wir sagen: Wir haben keine Sünde, führen wir uns selbst in die Irre.* Erinnert euch an das, was wir zuvor gesagt haben: *Wenn wir sagen: Wir haben keine Sünde, führen wir uns selbst in die Irre, und die Wahrheit ist nicht in uns* (1 Joh 1,8). Und vernehmt jetzt: *Jeder, der aus Gott gezeugt ist, sündigt nicht. Wer eine Sünde begeht, hat ihn nicht gesehen und nicht erkannt. Jeder der eine Sünde begeht, ist vom Teufel* (1 Joh 3,8-9). Die Sünde kommt nicht von Gott. Erneut erschreckt uns der Apostel. Wie sind wir aus Gott geboren und bekennen uns gleichzeitig als Sünder? Oder müssten wir sagen, dass wir nicht aus Gott geboren sind? Und was bewirken die Sakramente bei uns Kindern? Was hat Johannes gesagt? *Jeder, der aus Gott gezeugt ist, sündigt nicht.* Und weiter: *Wenn wir sagen: Wir haben kei-*

ne Sünde, führen wir uns selbst in die Irre und die Wahrheit ist nicht in uns. Die Frage ist wichtig und schwierig. Ich habe sie euch vorgelegt, damit ihr euch um eine Lösung müht. Im Namen des Herrn wollen wir morgen besprechen, was er uns dazu aufzeigen wird. [IV, 12]

FÜNFTE PREDIGT[1] zu 1 Joh 3,4-17

Wer aus Gott geboren ist
Wer nicht gegen die vollkommene Liebe sündigt, ist bereit, für den Bruder zu sterben. Die Liebe, die vom Tod zum Leben hinübergehen lässt, ist diskret und nicht eifersüchtig. Nach den Fähigkeiten ihr einen Anfang setzen.

Ein Widerspruch?

Merkt auf, hört zu, ich beschwöre euch, keine unwichtige Frage steht jetzt im Mittelpunkt; und ich bezweifle nicht, da ihr gestern aufmerksam dabei wart, dass ihr heute mit noch größerer Aufmerksamkeit zusammen sein wollt. Denn es ist keine bedeutungslose Frage, wie es in diesem Brief heißt: *Jeder, der aus Gott geboren ist, sündigt nicht* (1 Joh 3,9), und wie im selben Brief schon vorher stand: *Wenn wir sagen: Wir haben keine Sünde, führen wir uns selbst in die Irre, und die Wahrheit ist nicht in uns* (1 Joh 1,8). Was soll der tun, dem der Widerspruch der beiden Sätze dieses Briefes zu schaffen macht? Bekennt er sich als Sünder, muss er fürchten, dass man ihm nachsagt: Du bist also nicht aus Gott geboren, denn es steht geschrieben: *Jeder, der aus Gott geboren ist, sündigt nicht.* Nennt er sich aber gerecht und ohne Sünde, versetzt ihm die andere Aussage des Briefes einen Hieb: *Wenn wir sagen: Wir haben keine Sünde, führen wir uns selbst in die Irre, und die Wahrheit ist nicht in uns.* Zwischen diesen beiden Möglichkeiten weiß der Mensch nicht, was er sagen, bekennen oder eingestehen soll. Eine

[1] Gehalten am Donnerstag in der Osteroktav.

Behauptung, ohne Sünde zu sein, ist gefährlich, und nicht nur gefährlich, sondern auch frevelhaft. *Wir selbst,* sagt der Apostel, *führen uns in die Irre, und die Wahrheit ist nicht in uns, wenn wir sagen, dass wir keine Sünde haben.* Aber wenn du keine hättest und sagen könntest: Es ist wahr, dann hättest du wahrlich keine Spur von Ungerechtigkeit zu fürchten, wenn die Wahrheit an den Tag käme. Aber du tust etwas Böses, wenn du lügst. *Die Wahrheit ist nicht in uns, wenn wir sagen, dass wir keine Sünde haben,* sagt der Johannesbrief. Es heißt nicht «hatten», damit nicht scheinbar von unserem früheren Leben gesagt werde: Dieser Mensch hatte einmal Sünden, aber nachdem er aus Gott geboren war, hat er nicht mehr gesündigt. Wäre es so, wäre die drängende Frage gelöst. Wir könnten sagen: Wir waren Sünder, aber jetzt sind wir gerechtfertigt; wir hatten Sünden, aber jetzt haben wir keine mehr. Das hat Johannes aber nicht gesagt, sondern: *Wenn wir sagen: Wir haben keine Sünde, führen wir uns selbst in die Irre, und die Wahrheit ist nicht in uns.* Etwas später sagt er dann: *Jeder, der aus Gott geboren ist, sündigt nicht.* War Johannes selbst nicht aus Gott geboren? Wenn Johannes nicht aus Gott geboren war, von dem ihr vernommen habt, dass er an der Brust des Herrn lag, wer wagt dann überhaupt zu behaupten, wiedergeboren worden zu sein, was jener nicht verdient hatte, dem es an der Brust des Herrn zu ruhen vergönnt war? Den der Herr mehr als alle anderen liebte (vgl. Joh 13,23), war der nicht aus dem Geist wiedergeboren worden? [V, 1]

Zwei Arten von Sünde

Vernehmt nun diese Worte: Ich empfehle euch erneut meine Schwierigkeit, damit durch eure Achtsamkeit, welche das Beten für uns und für euch ist, Gott uns weite und uns eine Lösung eröffne. Niemand möge im Wort des Apostels einen Hinweis zum Verderben sehen, im Wort, das einzig zur Gesundung und zum Heil gepredigt und aufgeschrieben wurde.

Jeder der sündigt, handelt auch gesetzwidrig (1 Joh 3,4). Du darfst nicht unterscheiden, *Sünde ist Gesetzwidrigkeit.* Sage nicht: Ich bin ein Sünder, aber ich entspreche dem Gesetz. *Sünde ist Gesetzwidrigkeit.Ihr wisst: Er ist erschienen, damit er die Sünden hinwegnehme; und Sünde ist nicht in ihm* (1 Joh 3,5). Was nützt es uns, dass er ohne Sünde kam? *Jeder, der in ihm bleibt, sündigt nicht; jeder, der sündigt, hat ihn nicht gesehen und nicht erkannt. Kinder, niemand soll euch in die Irre führen! Wer tut, was der Gerechtigkeit entspricht, ist gerecht, wie jener gerecht ist* (1 Joh 3,6-7). Wir haben schon gesagt, dass dieses *wie* gewöhnlich eine gewisse Ähnlichkeit, aber keine Gleichheit ausdrückt. *Wer tut, was Sünde ist, ist aus dem Teufel, denn der Teufel sündigt von Anfang an* (1 Joh 3,8). Wir haben auch gesagt, dass der Teufel niemanden erschaffen oder gezeugt hat; vielmehr werden seine Nachahmer gleichsam aus ihm geboren. *Dazu ist der Sohn Gottes erschienen, dass er die Werke des Teufels zerstöre* (1 Joh 3,8). Der also keine Sünde hat, soll die Sünde zerstören. Darauf folgen die Worte: *Jeder, der aus Gott geboren ist, sündigt nicht, denn sein Same bleibt in ihm; und er kann nicht sündigen, weil er aus Gott geboren ist* (1 Joh 3,9), Worte, die uns stark verpflichten. Vielleicht hat er das *er sündigt nicht* in Hinblick auf eine bestimmte Sünde gemeint, und nicht auf jede Sünde bezogen, so dass du sein Wort: *Jeder, der aus Gott geboren ist, sündigt nicht,* in Bezug auf eine bestimmte Sünde verstehen sollst, die ein Mensch, der aus Gott geboren ist, nicht begehen kann. Und eine solche Sünde, einmal begangen, bestärkt die anderen; begeht er sie aber nicht, tilgt sie die anderen. Welche Sünde ist das? Gegen das Gebot zu verstoßen. Welches Gebot ist gemeint? *Ein neues Gebot gebe ich euch, dass ihr einander liebt* (Joh 13,34). Versteht das! Das Gebot Christi heißt Liebe: Durch die Liebe werden die Sünden getilgt. Diese Liebe nicht zu verwirklichen, ist eine schwere Sünde, die Wurzel aller anderen Sünden. [V, 2]

Der aus Gott Geborene

Versteht, Brüder, wir haben etwas vorgebracht, was unsere Frage löst, sofern ihr euch um Einsicht bemüht. Aber sind wir etwa nur mit den Schnellsten unterwegs? Auch die langsamer gehen, wollen wir nicht zurücklassen. Wir legen es für sie mit den Worten aus, die uns gegeben sind, damit die Lösung allen einsichtig sei. Denn ich meine, Brüder, dass jeder um seine Seele bestrebt ist, jeder, der nicht grundlos in die Kirche eintritt und in ihr nichts Irdisches sucht, nicht um weltlicher Geschäfte willen eintritt, sondern um die ewige Verheißung zu besitzen, zu der er gelangen will. Jeder ist darauf bedacht, auf dem rechten Weg zu gehen, nicht zurückzubleiben oder rückwärts oder in die Irre zu gehen, hinkend etwa nicht anzukommen. Wer also bestrebt ist, weicht, ob er langsam oder schnell geht, nicht vom Weg ab. Das habe ich gesagt, weil die Worte *jeder, der aus Gott geboren ist, sündigt nicht,* sich vielleicht auf eine bestimmte Sünde beziehen, denn sonst stehen sie im Widerspruch zu der Aussage: *Wenn wir sagen: Wir haben keine Sünde, führen wir uns selbst in die Irre, und die Wahrheit ist nicht in uns.* So kann also das Problem gelöst werden. Es gibt eine Sünde, die der aus Gott Geborene nicht begehen kann, und da er sie nicht begangen hat, werden ihm alle anderen Sünden erlassen; hat er sie aber begangen, werden die anderen Sünden bestätigt. Welche eine Sünde? Gegen das Gebot Christi verstoßen, gegen das Neue Testament. Welches neue Gebot? *Ein neues Gebot gebe ich euch, dass ihr einander liebt* (Joh 13,34). Wer gegen die Liebe und die brüderliche Wertschätzung verstößt, der wage nicht, sich zu rühmen und zu behaupten, er sei aus Gott geboren. Wer aber in der brüderlichen Wertschätzung erprobt ist, kann gewisse Sünden nicht begehen und wird besonders seinen Bruder nicht hassen. Und was macht er mit den anderen Sünden, von denen es hieß: *Wenn wir sagen: Wir haben keine Sünde, führen wir uns selbst in die Irre, und die Wahrheit ist nicht in uns?* Vernimm die Versicherung, die eine andere Stelle der Heiligen Schrift gibt: *Die Liebe deckt viele Sünden zu* (1 Petr 4,8). [V, 3]

Hingabe des Lebens

Wir empfehlen euch also die Liebe, dieser Brief empfiehlt die Liebe. Was hat der Herr nach der Auferstehung Petrus anderes gefragt als *Liebst du mich?* Nur einmal zu fragen war wenig; dasselbe fragte er ein zweites und ein drittes Mal. Auch wenn Petrus beim dritten Mal verdrießlich wurde, wie wenn ihm nicht geglaubt würde und der Herr nicht wüsste, was in ihm vorgehe, fragte dieser ihn dennoch ein erstes, zweites und drittes Mal. Dreimal hat die Furcht verleugnet, dreimal hat die Liebe bekannt (vgl. Joh 21,15-17). Petrus liebt also den Herrn. Was wird er ihm geben? Ist nicht auch er verwirrt über das Psalmwort: *Wie soll ich dem Herrn vergelten, alles Gute, was er an mir getan* (Ps 115,3)? Der Verfasser dieses Psalms bedachte, wie viel ihm von Gott gegeben worden war, und er suchte etwas, was er Gott vergelten könnte, und fand nichts. Denn was immer du vergelten willst, hast du ja von ihm empfangen, um es zurückzuerstatten. Und was fand der Psalmist zur Erstattung? Wir sagten schon, Brüder, er fand zur Erstattung, was er von Gott empfangen hatte. *Ich will den Kelch des Heils erheben und den Namen des Herrn anrufen* (Ps 115,4). Wer sonst hatte ihm den Kelch des Heils gegeben, als der, dem er vergelten wollte? Den Kelch des Heils erheben und den Namen des Herrn anrufen, bedeutet, von der Liebe gesättigt werden und so gesättigt werden, dass du nicht nur den Bruder nicht hasst, sondern auch bereit bist, für ihn zu sterben. Das ist vollkommene Liebe, die Bereitschaft, für den Bruder zu sterben. Der Herr hat sie an sich selbst ausgeübt, indem er für alle gestorben ist und für die gebetet hat, die ihn gekreuzigt haben: *Vater, vergib ihnen, denn sie wissen nicht, was sie tun* (Lk 23,34). Aber wenn er das alleine tat, wenn er keine Schüler hatte, dann war er nicht Lehrer. Die ihm nachfolgenden Jünger taten genau dasselbe: Stephanus wurde gesteinigt, und auf den Knien rief er: *Herr, rechne ihnen diese Sünde nicht an* (Apg 7,60). Er liebte die, welche ihn töteten, denn er starb auch für sie. Höre auch, was der Apostel Paulus sagt: *Ich will mich hinopfern für eure Seelen* (2 Kor 12,15). Er gehörte nämlich zu denen, für die Stephanus gebetet hat, als er durch ihre Hand starb. Das also ist die vollkommene Liebe. Wenn einer eine so große Liebe hat, dass er bereit ist, für den Bruder auch zu sterben, dann ist in ihm die Liebe vollkommen. Aber ist diese Liebe schon ganz vollkommen, wenn sie entsteht? Sie entsteht, um vollendet zu werden; sobald sie lebt, wird sie genährt, danach gestärkt; ist sie gestärkt, wird sie vollendet, und was sagt sie dann: *Für mich ist das Leben Christus und das Sterben ein Gewinn. Ich wünschte, aufgelöst und bei Christus zu sein, denn das wäre bei weitem das Bessere, aber im Fleisch zu verbleiben ist nötiger um euretwillen* (Phil 1,21-24). Für die er zu sterben bereit war, um derentwillen wollte er leben. [V, 4]

Petrus: Tue dasselbe

Und damit ihr wisst, dass die vollkommene Liebe keine Gewalt ausübt, durch die sich der aus Gott Geborene versündigt, fragt der Herr Petrus: *Petrus, liebst du mich?* Er antwortet: *Ich liebe dich* (Joh 21,17). Der Herr sagt nicht zu ihm: Wenn du mich liebst, gehorche mir.

Als der Herr in unserem sterblichen Fleisch war, hatte er Hunger und Durst und nahm zu jener Zeit die Gastfreundschaft an: Jene, die etwas besaßen, dienten ihm mit ihrem Vermögen, wie es uns das Evangelium berichtet (vgl. Lk 8,3). Zachäus nahm ihn gastlich auf und wurde, nach der Aufnahme des Arztes, von seiner Krankheit geheilt. Von welcher Krankheit? Von der Habsucht. Denn er war sehr reich und Anführer der Zöllner. Ihr vernehmt, dass er von der Habsucht geheilt ist. Er sagt: *Die Hälfte meines Besitzes gebe ich den Armen und wenn ich von jemandem etwas erpresst habe, gebe ich es vierfach zurück* (Lk 19,8). Die andere Hälfte behielt er für sich, nicht zum eigenen Genuss, sondern um seine Schulden zu begleichen. Zachäus nahm den Arzt gastlich auf, weil der Herr in der Schwäche des Fleisches kam, so dass die Menschen ihm diese Ergebenheit erweisen konnten, weil er den Willigen dienen wollte, denn ihnen war es von Nutzen, nicht ihm.

Suchte der, dem die Engel dienten, etwa deren Dienst? Auch des Herrn Diener Elias bedurfte damals nicht ihres Dienstes, als Gott ihm Brot und Fleisch durch einen Raben schickte; sondern damit die fromme Witwe gesegnet werde, wird der Diener Gottes gesandt; er, den im Geheimen Gott ernährte, wird von der Witwe ernährt (vgl. 1 Kön 17,3ff.). Doch obwohl diese Diener Gottes, die die Bedürftigkeit der Menschen betrachten, für sich einstehen, tun sie es um des Lohnes willen, der vom Herrn im Evangelium sicher verheißen wurde: *Wer einen Gerechten aufnimmt, weil er ein Gerechter ist, wird den Lohn eines Gerechten empfangen, und wer einen Propheten aufnimmt, weil er ein Prophet ist, wird den Lohn eines Propheten empfangen, und wer einem dieser Geringsten auch nur einen Becher kalten Wassers zu trinken gibt, weil er ein Jünger ist, wahrlich, ich sage euch: Ihm soll sein Lohn nicht mangeln* (Mt 10,41f.).

Die so handeln, stehen also für sich selbst ein, aber dem Herrn, der in den Himmel auffahren wollte, konnte dieser Dienst nicht mehr erwiesen werden. *Was konnte Petrus dem, den er liebte, zukommen lassen?* Eben dies: *Weide meine Schafe* (Joh 21,15), das heißt, tue das für die Brüder, was ich für dich getan habe. Ich habe alle durch mein Blut losgekauft, zögert nicht, für das Bekenntnis der Wahrheit zu sterben, damit andere euch nachahmen. [V, 5]

Zusammenfassung

Brüder, wie wir gesagt haben, ist das die vollkommene Liebe; wer aus Gott geboren ist, besitzt sie. Habt Acht, Geliebte, seht, was ich euch sage. Der Getaufte hat das Sakrament seiner (geistigen) Geburt empfangen. Er hat das Sakrament, das große, göttliche, heilige und unaussprechliche Sakrament. Er bedenke: Es schafft den Menschen neu, indem ihm alle Sünden vergeben werden. Er achte auf sein Herz, ob dort die Vollkommenheit herrscht, die am Leib vollzogen wurde. Er schaue, ob er Liebe habe, und dann soll er sagen: Ich bin aus Gott geboren. Hat er sie aber nicht, ist ihm wohl ein Zeichen eingebrannt, aber er streift als ein Deserteur umher.[2] Er soll Liebe haben, sonst kann er nicht sagen, er sei aus Gott geboren. Aber ich habe das Sakrament, sagt er. Vernimm die Worte des Apostels: *Wenn ich alle Geheimnisse wüsste und alle Glaubenskraft besäße und Berge damit versetzen könnte, hätte aber die Liebe nicht, wäre ich nichts* (1 Kor 13,2). [V, 6]

Eine wichtige Unterscheidung

Ihr erinnert euch, als wir mit der Lektüre dieses Briefes begannen: Nichts wurde uns so empfohlen wie

[2] Wie die Soldaten kraft eines Siegels ihre Zugehörigkeit zum kaiserlichen Heer ausweisen, so wird der Getaufte in die militia Christi aufgenommen. Entfernt sich der Soldat vom Heer, so gilt er als Fahnenflüchtiger; fehlt dem Christen die Liebe, streift er als ein Deserteur umher. Vgl. Hermenegild M. Biedermann, *Unteilbar,* a.a.O., 174.

die Liebe. Auch wenn der Evangelist diesen oder jenen Punkt behandelt, auf die Liebe kommt er immer zurück und will all seine Darlegungen mit ihr verknüpfen. Schauen wir, ob er das auch hier macht.

Beachtet diese Worte: *Jeder, der aus Gott geboren ist, sündigt nicht.* Fragen wir, welche Sünde gemeint ist; wären alle Sünden gemeint, widerspräche das den Worten: *Wenn wir sagen: Wir haben keine Sünde, führen wir uns selbst in die Irre, und die Wahrheit ist nicht in uns.* Also sage uns der Evangelist, welche Sünde gemeint ist; er belehre uns, damit ich nicht etwa voreilig sage, diese Sünde sei die Verletzung der Liebe, da er zuvor gesagt hatte: *Wer aber seinen Bruder hasst, ist in der Finsternis und geht seinen Weg in der Finsternis, und er weiß nicht, wohin er geht, denn die Finsternis hat seine Augen blind gemacht* (1 Joh 2,11). Aber vielleicht hat Johannes in späteren Ausführungen etwas dazu gesagt und die Liebe genannt. Schaut, wie diese Umschreibung mit Worten zu demselben Schluss kommt: *Jeder, der aus Gott gezeugt ist, tut nicht, was Sünde ist, denn sein Same bleibt in ihm.* Der Same Gottes ist das Wort Gottes, von dem der Apostel sagt: *In Christus Jesus habe ich euch durch das Evangelium gezeugt* (1 Kor 4,15). Und *er kann nicht sündigen, weil er aus Gott gezeugt ist.*

Der Apostel sage uns, damit wir sehen, worin man nicht sündigen kann. *Daran sind die Kinder Gottes und die Kinder des Teufels zu erkennen: Jeder, der nicht tut, was der Gerechtigkeit entspricht, ist nicht aus Gott, und ebenso wer seinen Bruder nicht liebt* (1 Joh 3,10). Schon ist sicher zu erkennen, wovon er spricht: *Wer seinen Bruder nicht liebt.* Allein die Liebe liefert die Unterscheidung zwischen den Kindern Gottes und den

Kindern des Teufels. Auch wenn alle das Kreuzzeichen machen, alle Amen sagen, alle das Halleluja singen, alle getauft werden und in die Kirchen eintreten, Basiliken bauen: nur durch die Liebe unterscheiden sich die Kinder Gottes von den Kindern des Teufels. Die, welche Liebe haben, sind aus Gott geboren, die keine haben, sind nicht aus Gott geboren. Ein bedeutender Hinweis, eine wichtige Unterscheidung! Hast du, was immer du haben willst, hast aber dieses eine nicht, nützt es dir nichts; hast du anderes nicht, wohl aber dieses eine, dann hast du das Gesetz erfüllt. *Denn wer den anderen liebt, hat das Gesetz erfüllt,* sagt der Apostel, und: *Die Liebe ist die Erfüllung des Gesetzes* (Röm 13,8.10). Ich glaube, sie ist diese Perle, die, wie das Evangelium berichtet, ein Kaufmann gesucht und gefunden hat: Er verkaufte seine ganze Habe und erwarb sie (vgl. Mt 14,36). Die Liebe ist diese kostbare Perle, ohne die dir kein Gut von Nutzen sein kann; besitzt du sie allein, genügt sie dir. Jetzt siehst du im Glauben, dann wirst du in der Schau sehen. Denn wenn wir den lieben, den wir nicht sehen, wie werden wir ihn dann umfangen, wenn wir ihn sehen werden? Aber worin müssen wir uns erproben? In der Bruderliebe. Du kannst zu mir sagen: Ich habe Gott nicht gesehen, aber kannst du mir jemals sagen, ich habe die Menschen nicht gesehen? Liebe also deinen Bruder. Denn wenn du deinen Bruder, den du siehst, liebst, wirst du gleichzeitig Gott sehen, denn du wirst die Liebe selbst sehen und Gott wohnt in dieser Liebe. [V, 7]

Kain: Bruderhass

Jeder, der nicht tut, was der Gerechtigkeit entspricht, ist nicht aus Gott, und ebenso wer seinen Bruder nicht liebt. Denn das ist die Botschaft. Nimm wahr, wie der Evangelist darauf beharrt: *Denn das ist die Botschaft, die ihr von Anfang an gehört habt: dass wir einander lieben* (1 Joh 3,11). Das hat er uns verdeutlicht, indem er feststellt: Wer gegen dieses Gebot verstößt, sündigt frevelhaft, was die tun, die nicht aus Gott geboren sind. *Nicht wie Kain, der aus dem Bösen war und seinen Bruder erschlug. Und weshalb erschlug er ihn? Weil seine Werke böse waren, die seines Bruders aber gerecht* (1 Joh 3,12). Wo also Neid herrscht, kann die Bruderliebe nicht walten. Eure Liebe habe Acht: Wer neidisch ist, liebt nicht. In ihm herrscht die Sünde des Teufels, denn auch der Teufel empfand Neid und ließ den Menschen fallen. Er selbst war gefallen und voll Neid auf die Stehenden. Er wollte die anderen nicht zu Boden werfen, um allein zu stehen, sondern um nicht allein zu fallen. Merkt euch gut, was der Apostel hinzufügt, dass Liebe keinen Neid kennt. Du hörst es eindeutig, wenn die Liebe gelobt wird: *Die Liebe eifert nicht* (1 Kor 13,4). In Kain herrscht die Liebe nicht und hätte Abel nicht geliebt, hätte Gott sein Opfer nicht angenommen. Beide brachten Gott ein Opfer: Kain von den Früchten der Erde, Abel von den Erstlingen der Schafe. Meint ihr, Brüder, dass Gott die Früchte der Erde verschmähte, die Erstlinge der Schafe aber annehmen wollte? Gott sah nicht auf die Hände, sondern schaute ins Herz. Den er in Liebe opfern sah, dessen Opfer nahm er an, den er voll Neid opfern sah, von dessen Opfer wandte er sich ab. Als die guten Werke Abels wird also nur die Liebe genannt, als Kains schlechte Werke nur der Hass auf den Bruder. Etwas Weniges ist es, dass er seinen Bruder gehasst hat; er war auch neidisch auf seine guten Werke. Weil er ihn nicht nachahmen wollte, wollte er ihn töten. Daraus wurde eindeutig, dass er ein Sohn des Teufels und jener ein Gerechter Gottes war. So werden also die Menschen unterschieden, meine Brüder. Keiner achte auf die Worte, sondern auf die Taten und das Herz. Handelt er nicht gut an seinen Brüdern, so offenbart er sein Inneres. Durch Versuchungen werden die Menschen erprobt. [V, 8]

Was ist die Welt?

Wundert euch nicht, liebe Brüder und Schwestern, wenn die Welt euch hasst (1 Joh 3,13). Muss man euch etwa öfter sagen, was die Welt ist? Sie ist nicht der Himmel, nicht die Erde, noch all die Werke, die Gott vollbracht hat, sondern es sind die Liebhaber dieser Welt. Manchen falle ich lästig, wenn ich das ständig wiederhole, aber bis jetzt rede ich nicht vergeblich, denn fragte man den einen oder anderen, was ich gesagt habe, er wüsste nicht zu antworten. Ich möchte, dass sich etwas in den Herzen der Zuhörer einpräge. Was also ist die Welt? Die Welt in ihrer schlechten Bedeutung, das sind die Liebhaber dieser Welt; die Welt im guten Sinn, das sind Himmel und Erde und die Werke Gottes in ihnen, so dass man sagt: *Und die Welt ist durch ihn geworden* (Joh 1,10). So ist die Welt die Fülle der Erde, wie Johannes selbst gesagt hat: *Er ist die Sühne für unsere Sünden, aber nicht nur für unsere, sondern auch für die der ganzen Welt* (1 Joh 2,2), das heißt aller Gläubigen über den Erdkreis verstreut. Aber die Welt im schlechten Sinn, das sind die

Liebhaber dieser Welt; sie können ihren Bruder nicht lieben. [V, 9]

Wer nicht liebt, bleibt im Tod

Wenn die Welt uns hasst, wissen wir. Was wissen wir? *Dass wir aus dem Tod ins Leben hinübergeschritten sind.* Woher wissen wir es? *Weil wir die Brüder lieben* (1 Joh 3,14). Keiner frage einen anderen Menschen; jeder gehe in sich. Findet er in seinem Herzen brüderliche Liebe, kann er sicher sein, aus dem Tod ins Leben hinübergeschritten zu sein. Er steht schon auf der rechten Seite. Er beachte nicht, dass seine Herrlichkeit jetzt noch verborgen ist. Wenn der Herr kommt, wird auch er in Herrlichkeit erscheinen. Denn er ist kräftig und wächst, aber noch ist Winter. Die Wurzel hat Leben, aber die Zweige sind noch trocken. Innen ist der kräftige Kern, innen sind die Blätter der Bäume, innen sind die Früchte, die auf den Sommer warten. Also *wissen wir, dass wir aus dem Tod ins Leben hinübergeschritten sind, weil wir die Brüder lieben.*
Meint nicht, Brüder, es sei ohne Bedeutung, zu hassen oder nicht zu lieben. Vernehmt die folgenden Worte: *Jeder, der seinen Bruder hasst, ist ein Mörder.* Wenn schon einer den Hass gegenüber seinem Bruder geringachtet, wird er nicht auch den Mord in seinem Herzen geringachten? Er hat die Hand noch nicht bewegt, um zu töten, doch vom Herrn wird er schon als Mörder angesehen. Noch lebt sein Opfer, und er wird schon als Mörder verurteilt. *Jeder, der seinen Bruder hasst, ist ein Mörder; und ihr wisst, dass in einem Mörder das ewige Leben nicht bleibt* (1 Joh 3,15). [V, 10]

Petrus, liebst du mich?

Daran haben wir die Liebe erkannt. Gemeint ist die Vollkommenheit der Liebe, jener Liebe, die wir euch empfohlen haben. *Daran haben wir die Liebe erkannt, dass er sein Leben für uns hingegeben hat. Auch wir sind verpflichtet, das Leben hinzugeben für die Brüder* (1 Joh 3,16). Von daher kam die Frage: *Petrus, liebst du mich? Weide meine Schafe* (Joh 21,15). Doch, damit ihr wisst, dass der Herr wollte, dass Petrus sein Leben für die Schafe hingebe, sagte er darauf zu ihm: *Als du jung warst, gürtetest du dich selbst und wandeltest, wohin du wolltest; wenn du aber alt geworden bist, wirst du deine Hände ausstrecken und ein anderer wird dich führen, wohin du nicht willst. Dies aber sagte er,* fügt der Evangelist hinzu, *um anzudeuten, durch welchen Tod er Gott verherrlichen werde* (Joh 21,15-19). Zu dem er also gesagt hatte: *Weide meine Schafe*, den konnte er so lehren, sein Leben für die Schafe hinzugeben. [V, 11]

Der Bruder in Not

Wie beginnt die Liebe, meine Brüder? Habt etwas Acht: Ihr habt gehört, wie sie sich vollendet. Im Evangelium hat uns der Herr ihr Ziel und ihre Weise empfohlen: *Größere Liebe hat niemand als die, dass einer sein Leben hingibt für seine Freunde* (Joh 15,13). Ihre Vollkommenheit zeigt er uns also im Evangelium, und auch hier wird ihre Vollkommenheit empfohlen.

Aber ihr fragt euch und sagt: Wann können wir diese Liebe erlangen? Verzweifle nicht zu schnell über dich: Vielleicht ist sie entstanden, aber noch nicht vollkommen, nähre sie, damit sie nicht erstickt. Vielleicht wirst du mich fragen: Woher weiß ich das? Wir haben gehört, wie sie sich vollendet, hören wir nun, woher sie ihren Anfang nimmt: *Wer immer in der Welt sein Auskommen hat und seinen Bruder Not leiden sieht und sein Herz vor ihm verschließt: Wie bleibt da die Liebe Gottes in ihm?* (1 Joh 3,17). Hier also nimmt die Liebe ihren Anfang. Bist du noch nicht in der Lage, für den Bruder zu sterben, so sei bereit, dem Bruder etwas von deinem Auskommen zu geben. Schon erschüttere die Liebe dein Herz, damit du es nicht etwa aus Prahlerei, sondern aus einer inneren Fülle an Barmherzigkeit tust: du schaust auf den, der bedürftig ist. Denn wenn du deinem Bruder nicht von deinem Überfluss geben kannst, kannst du dann dein Leben für ihn hingeben? In deinem Beutel hast du Geld, das Diebe dir wegnehmen können, und wenn es dir die Diebe nicht wegnehmen, musst du es im Tod aufgeben, wenn du es zu deinen Lebzeiten nicht verlassen hast. Was wirst du dann tun? Dein Bruder hungert, ist in Not geraten, vielleicht wird er bedroht, von einem Gläubiger bedrängt, er hat nichts, du hast etwas: Er ist dein Bruder, zusammen seid ihr freigekauft, euer Kaufpreis ist einer, beide seid ihr mit dem Blut Christi freigekauft, erbarme dich, wenn du ein Auskommen hast. Vielleicht fragst du: Was betrifft mich das? Soll ich mein Geld hergeben, damit der da keine Beschwerlichkeiten erleide? Wenn dein Herz dir das antwortet, bleibt die Liebe des Vaters nicht in dir. Wenn die Liebe Gottes nicht in dir bleibt, bist du nicht aus Gott geboren. Was rühmst du dich, ein Christ zu sein? Den Namen trägst du, aber die Taten fehlen. Wenn aber dem Namen die Taten folgen, mag man dich einen Heiden nennen, mit deinen Taten erweist du dich als Christ. Erweist du dich mit deinen Taten nicht als Christ, mögen dich auch alle einen Christen nennen, was nützt dir der Name, wenn der Inhalt fehlt? *Wer immer in der Welt sein Auskommen hat und seinen Bruder Not leiden sieht und sein Herz vor ihm verschließt: Wie bleibt da die Liebe Gottes in ihm?* Und weiter: *Brüder, lasst uns nicht mit Wort und Zunge lieben, sondern in Tat und Wahrheit!* (1 Joh 3,18). [V, 12]

Letzte Ermahnung

Meine Brüder, ich glaube, euch ist ein großes und unverzichtbares Geheimnis und Mysterium offenbart worden. Den Wert der Liebe lehrt jedes Kapitel der Heiligen Schrift, aber ich weiß nicht, ob sie an irgendeiner Stelle umfassender dargestellt wird als in diesem Brief. Wir bitten und beschwören euch im Herrn, bewahrt das Vernommene in eurem Gedächtnis, und zu dem, was bis zum Ende dieses Briefes noch zu sagen sein wird, kommt und hört aufmerksam zu. Öffnet euer Herz für den guten Samen, entfernt die Dornen, damit die Saat in euch nicht erstickt werde, sondern besser gedeihe. Der Sämann freue sich und bereite für euch die Vorratskammer, wie man es für das Getreide macht, und nicht das Feuer, wie man es für das Stroh macht. [V, 13]

SECHSTE PREDIGT[1] zu 1 Joh 3,18-4,3

Liebe Kinder, wir wollen nicht lieben
Die Liebe hat eine innere Wurzel, auf die der schaut, der uns jetzt das Heil schenkt und uns dann in Herrlichkeit krönt. In der Liebe herrscht Sicherheit, der Geist der Erkenntnis, die Einheit der Kirche. Die Häretiker zerstören die Einheit – sie haben also die Liebe nicht.

Anfang und Vollendung der Liebe

Wenn ihr euch erinnert, Brüder, haben wir die gestrige Predigt mit dem Satz abgeschlossen, der ohne Zweifel in eurem Herzen bleiben sollte und soll, weil ihr ihn als letzten vernommen habt: *Kinder, lasst uns nicht mit Wort und Zunge lieben, sondern in Tat und Wahrheit!*

Darauf folgt: *Daran werden wir erkennen, dass wir aus der Wahrheit sind, und vor ihm werden wir unser Herz beruhigen. Denn auch wenn das Herz uns verurteilt: Gott ist größer als unser Herz und erkennt alles* (1 Joh 3,19-20). Johannes hatte gesagt: *Lasst uns nicht mit Wort und Zunge lieben, sondern in Tat und Wahrheit;* wir fragen ihn, an welchem Werk und an welcher Wahrheit der erkannt wird, der Gott oder der seinen Bruder liebt. Zuvor hatte er schon erklärt, bis wohin die Liebe in ihrer Vollendung geht – das sagt der Herr auch im Evangelium: *Größere Liebe hat niemand als wer sein Leben hingibt für seine Freunde* (Joh 15,13), und Johannes hatte gefordert: *Wie er sein Leben für uns hingegeben hat, so sollen auch wir das Leben hingeben für die Brüder* (1 Joh

[1] Gehalten am Freitag der Osteroktav.

3,16). Das ist die Vollendung der Liebe, eine größere lässt sich nicht finden. Aber weil sie nicht in allen vollkommen herrscht, darf der, in dem sie nicht vollkommen ausgeprägt ist, nicht verzweifeln, wenn sie zu ihrer Vollendung schon entstanden ist. Und ist sie entstanden, muss sie genährt und mit Kräftigungsmitteln zur eigenen Vollendung gebracht werden. Wir haben nach dem Anfang der Liebe gefragt und sofort die Antwort gefunden: *Wer immer in der Welt sein Auskommen hat und seinen Bruder Not leiden sieht und sein Herz vor ihm verschließt: Wie bleibt da die Liebe Gottes in ihm?* (1 Joh 3,17). Da also beginnt die Liebe, Brüder, dass einer einem Notleidenden, der irgendwelchen Ängsten ausgesetzt ist, aus seinem Überfluss zuteilt; mit dem, woran er gerade reich ist, den Bruder von irdischer Bedrängnis befreit. Hier liegt der Anfang der Liebe. Wenn du sie, nach gesetztem Anfang, durch das Wort Gottes und die Hoffnung auf das ewige Leben nährst, gelangst du zu jener Vollkommenheit, so dass du auch bereit bist, dein Leben für die Brüder hinzugeben. [VI, 1]

Das Zeugnis des Gewissens

Allerdings tun auch die viele Werke, welche Anderes suchen und die Brüder nicht lieben; darum wird ein Zeugnis des Gewissens verlangt. Wie beweisen wir, dass viele Werke von denen getan werden, die die Brüder nicht lieben? Wie viele halten an Irrlehren und Schismen fest und nennen sich Märtyrer[2]! Sie bil-

[2] Anspielung auf die Donatisten, die sich für ihre Theologie vor den staatlichen Behörden verantworten mussten, da ihr Denken die Einheit und den Frieden des Reiches gefährdete. Darum beanspruchten sie den Titel eines Märtyrers.

den sich ein, ihr Leben für ihre Brüder hinzugeben; täten sie das, würden sie sich nicht von allen Brüdern trennen. Wie viele verteilen doch aus Ruhmsucht allerlei Gut, verschenken vieles und suchen dabei nur menschliches Lob und den aufgeblähten unbeständigen Beifall des Volkes. Da es also solche gibt, wo also wird die Bruderliebe erwiesen? Der Evangelist wollte ihre Erprobung, deshalb mahnt er: *Kinder, lasst uns nicht mit Wort und Zunge lieben, sondern in Tat und Wahrheit!* Wir fragen, in welcher Tat, in welcher Wahrheit? Kann es eine eindeutigere Tat geben als die Unterstützung der Armen? Viele tun das aus Prahlerei, nicht aus Liebe. Gibt es eine größere Tat als für die Brüder zu sterben? Viele wollen diesen Anschein erwecken, aber durch Prahlerei sich einen Namen erwerben, nicht aus dem Quell der Liebe. Wahr ist, dass der seinen Bruder liebt, der vor Gott, vor dem er sich alleine weiß, in seinem Herzen berät und es befragt, ob er wirklich aus Liebe zu seinem Bruder so handelt. Ein Zeugnis bietet ihm das Auge, das ins Herz dringt, wohin kein Mensch mehr schauen kann. So sagte der Apostel Paulus, der bereit war, für die Brüder zu sterben: *Ich aber will sehr gern Opfer bringen und mich aufopfern für die Seelen* (2 Kor 12,15). Weil Gott das in seinem Herzen sah – nicht die Menschen, zu denen er sprach –, sagte er zu ihnen: *Mir aber ist es etwas ganz Geringes, dass ich von euch gerichtet werde oder von einem menschlichen Gericht* (1 Kor 4,3). Und er zeigt auch selbst einen anderen Zusammenhang auf, dass Dinge aus eitler Ruhmsucht zu geschehen pflegen, nicht aus der Stärke der Liebe, denn als er gerade diese Liebe empfahl, da sagte er: *Und wenn ich all meine Habe zur Speisung der Armen austeile und wenn ich meinen Leib hingebe, damit er verbrannt werde, habe aber die Liebe nicht, so nützt es mir nichts* (1 Kor 13,3). Kann man das ohne Liebe tun? Man kann. Denn die keine Liebe empfinden, haben die Einheit zerteilt. Fragt da und ihr werdet viele sehen, die den Armen viel zuteilen. Ihr werdet andere finden, die, voll Bereitschaft, den Tod auf sich zu nehmen, sich selbst dann in den Tod stürzen, wenn ein Verfolger fehlt[3]. Zweifellos tun sie es ohne Liebe. Wir werden auf unser Gewissen verwiesen, über das der Apostel sagt: *Denn unser Ruhm ist dieser, das Zeugnis des Gewissens* (2 Kor 1,12). Und weiterhin: *Jeder aber prüfe sein eigenes Werk, und dann wird er nur in Hinsicht auf sich selbst den Ruhm haben und nicht in Hinsicht auf den anderen* (Gal 6,4). Jeder prüfe also sein Werk, ob es aus der Ader der Liebe ströme, ob die Zweige guter Werke aus der Wurzel der Liebe sprossen. *Jeder aber prüfe sein eigenes Werk, und dann wird er nur in Hinsicht auf sich selbst den Ruhm haben und nicht in Hinsicht auf den anderen:* Nicht, wenn ihm eine fremde Zunge Zeugnis gibt, sondern das eigene Gewissen. [VI, 2]

Gott erkennt alles

Das also empfiehlt er uns. *Daran werden wir erkennen, dass wir aus der Wahrheit sind,* wenn wir in der Tat und in der Wahrheit, nicht mit Worten und mit der Zunge lieben; *und vor ihm werden wir unser Herz beruhigen* (1 Joh 3,19). Was bedeutet *vor ihm*? Dort, wo er al-

[3] Augustinus denkt hier an die Circumcellionen, die den Donatisten nahestanden. Unter ihnen gab es einen Märtyrerfanatismus, der dahin führte, dass sich Einzelne selbst in den Tod stürzten.

lein sieht. Daher sagt der Herr im Evangelium: *Habt Acht, dass ihr eure Gerechtigkeit nicht übt vor den Leuten, um von ihnen gesehen zu werden; wo nicht, so habt ihr keinen Lohn bei eurem Vater in den Himmeln* (Mt 6,1). Und was heißt: *Deine Linke soll nicht wissen, was deine Rechte tut* (Mt 6,3), wenn nicht, dass die rechte Hand das reine Gewissen und die linke die weltliche Begierde ist? Viele vollbringen aus weltlicher Begierde Erstaunliches; die Linke ist aktiv, nicht die Rechte. Die Rechte muss wirken ohne Wissen der Linken, damit sich die weltliche Begierde nicht einmische, wenn wir aus Liebe etwas Gutes vollbringen. Und wodurch erkennen wir das? Du stehst vor Gott, frage dein Herz: Schau, was du gemacht hast und wonach du verlangt hast: nach deinem Heil oder nach unstetem Menschenlob. Schau in dich hinein: Denn der Mensch kann den nicht beurteilen, den er nicht sehen kann. Wenn wir in unserem Herzen beruhigt sind, dann sind wir es auch vor ihm. *Denn auch wenn das Herz uns verurteilt*, das heißt, wenn es uns anklagt, dass wir nicht in dem Geist tun, wie wir sollen: *Gott ist größer als unser Herz und erkennt alles* (1 Joh 3,20). Du verbirgst dein Herz vor einem Menschen, verbirg es vor Gott, wenn du kannst. Wie verbirgst du es vor ihm, zu dem ein Sünder furchtsam bekennt: *Wohin soll ich gehen vor deinem Geiste? Wohin soll ich fliehen vor deinem Angesicht?* Er suchte einen Fluchtort, um dem Gericht Gottes zu entkommen, und fand keinen. Denn wo ist Gott nicht? *Stiege ich hinauf in den Himmel, so bist du dort: stiege ich hinab in die Unterwelt, auch da bist du* (Ps 138,7f.). Wohin gehst du, wohin fliehst du? Willst du einen Rat vernehmen? Wenn du vor ihm fliehen willst, fliehe zu ihm. Zu ihm fliehe, indem du bekennst, nicht indem du dich vor ihm verbirgst: Verbergen kannst du dich nicht, wohl aber bekennen: Sage zu ihm: *Du bist meine Zuflucht* (Ps 31,7), und die Liebe, die allein zum Leben führt, finde Nahrung in dir. Dein Gewissen gebe dir das Zeugnis, dass es aus Gott ist. Wenn es aus Gott ist, dann rühme dich damit nicht vor den Menschen, denn weder Menschenlob hebt dich in den Himmel hinauf, noch stürzt Menschentadel dich von dort hinab. Er sieht, der die Krone verleiht. Er sei dein Zeuge, der dich als Richter krönt. *Gott ist größer als unser Herz und erkennt alles.* [VI, 3]

Mit Zuversicht Gott entgegen

Ihr Lieben, wenn das Herz uns nicht verurteilt, sehen wir Gott mit Zuversicht entgegen (1 Joh 3,21). Was heißt: *Wenn das Herz uns nicht verurteilt?* Es wird uns als Wahrheit geantwortet, dass wir lieben und dass die brüderliche Liebe in uns ist, nicht eine eingebildete, sondern eine aufrichtige Liebe, die das Heil des Bruders sucht, keinen persönlichen Vorteil vom Bruder erwartet, außer seinem Heil. *Wir sehen Gott mit Zuversicht entgegen, und was immer wir erbitten, empfangen wir von ihm, denn wir halten seine Gebote* (1 Joh 3,22). Nicht vor den Augen der Menschen, sondern im Herzen, wohin Gott sieht. *Wir sehen Gott mit Zuversicht entgegen, und was immer wir erbitten, empfangen wir von ihm, denn wir halten seine Gebote.* Welche sind seine Gebote? Muss ich sie immer wiederholen? *Ein neues Gebot gebe ich euch, dass ihr einander lieben sollt* (Joh 13,34). Der Evangelist spricht über die Liebe, sie empfiehlt er. Jeder, der die Bruderliebe hat und sie vor Gott hat, dort, wohin Gott sieht, und dem sein

Herz in gerechter Prüfung nichts anderes antwortet, als dass dort die echte Wurzel der Liebe ist, aus der die guten Früchte entstehen, *sieht Gott mit Zuversicht entgegen und was immer er erbittet, empfängt er von ihm, denn er hält seine Gebote.* [VI, 4]

Werden unsere Bitten erhört?

Es stellt sich das Problem, dass der eine oder andere, du oder ich vom Herrn unserem Gott etwas erbittet und es nicht erhält. Kann einer dann leicht von mir sagen: Er hat nicht die Liebe, wie das von jedem unserer Zeitgenossen leicht gesagt werden kann, mag einer vom anderen denken, was er will. Ein größeres Problem bereiten uns jene Männer, von denen feststeht, dass sie, als sie schrieben, Heilige gewesen waren, und die jetzt bei Gott sind. Wer hat die Liebe, wenn nicht Paulus, der sagte: *Unser Mund hat sich euch gegenüber aufgetan, ihr Korinther, unser Herz hat sich weit erschlossen. Ihr habt nicht engen Raum in uns* (2 Kor 6,11-12), und weiter: *Ich aber will sehr gern Opfer bringen und mich aufopfern für eure Seelen* (2 Kor 12,15) und in dem so viel Gnade war, dass er offensichtlich die Liebe hatte? Dennoch meinen wir, dass er erbat und nicht empfing.

Was sagen wir dazu, Brüder? Das Problem ist da. Habt Acht auf Gott, dieses Problem ist groß. Als über die Sünde gesagt wurde, *wer aus Gott gezeugt ist, tut nicht, was Sünde ist* (1 Joh 3,9), stellten wir fest, dass die Sünde die Liebe befleckt und dass das mit diesen Worten gerade gesagt wird. So fragen wir uns auch jetzt, was damit gemeint ist. Achtet man auf die Worte, scheint der Sinn klar, bedenkst du die Beispiele, wird er unklar. Nichts ist klarer als diese

Worte: *Was immer wir erbitten, empfangen wir von ihm, denn wir halten seine Gebote und tun, was vor ihm Gefallen findet* (1 Joh 3,22). *Was immer wir erbitten,* sagt er, *empfangen wir von ihm.* Diese Worte versetzen uns in große Schwierigkeit. Es wäre auch bei der Deutung der früheren Aussage schwierig gewesen, wenn der Evangelist von jeder Sünde gesprochen hätte. Aber wir haben die Stelle so erklären können, dass nur von einer bestimmten Sünde die Rede ist, nicht von allen. Von der, die der aus Gott Geborene nicht begeht. Und wir meinen, dass eben diese bestimmte Sünde eine Befleckung der Liebe ist. Im Evangelium gibt es ein eindeutiges Zeugnis, denn der Herr sagt: *Wenn ich nicht gekommen wäre, hätten sie keine Sünde* (Joh 15,22). Was soll das heißen? War der Herr zu den unschuldigen Juden gekommen, dass er so spricht? Wäre er nicht gekommen, hätten sie dann keine Sünde? Machte also die Gegenwart des Arztes krank, anstatt den Kranken das Fieber zu nehmen? Welcher Tor würde das sagen? Er ist gekommen, die Kranken zu pflegen und zu heilen. Warum sagte er also: *Wenn ich nicht gekommen wäre, hätten sie keine Sünde*, wenn nicht deshalb, weil er ihre Einsicht in eine gewisse Sünde wollte? Denn diese Sünde hätten die Juden nicht begangen. Welche Sünde ist es? Dass sie nicht an ihn geglaubt haben, dass sie ihn, als er bei ihnen weilte, verachtet haben. Wie er also dort von der Sünde gesprochen hat und es nicht notwendig ist, dass wir darunter jede Sünde verstehen, sondern nur eine bestimmte, so ist auch hier nicht jede Sünde gemeint, damit kein Widerspruch entstehe zu der Stelle, an der es heißt: *Wenn wir sagen: Wir haben keine Sünde, führen wir uns selbst in die Irre, und die Wahrheit ist nicht in uns* (1 Joh 1,8), sondern sicher eine bestimmte Sünde, die Befleckung der Liebe. Hier aber hat uns der Evangelist noch mehr eingeengt: Wenn wir etwas erbitten, wenn unser Herz uns nicht anklagt und vor Gott bezeugt, dass die wahre Liebe in uns ist, *empfangen wir von ihm, was immer wir erbitten.* [VI, 5]

Erhörung Pauli zum Heil

Ich habe euch schon gesagt, geliebte Brüder, dass uns niemand beachtet. Denn was sind wir oder was seid ihr? Was, wenn nicht die Kirche Gottes, die allen bekannt ist? Wenn es ihm gefällt, sind wir in ihr und werden durch die Liebe in ihr bleiben und verharren, wenn wir die Liebe zeigen wollen, die wir haben. Was könnten wir gleichwohl Schlechtes über den Apostel Paulus denken? Liebte er etwa nicht die Brüder? Gab es bei ihm kein Zeugnis des Gewissens vor Gott? War in Paulus nicht jene Wurzel der Liebe, aus der nur gute Früchte hervorgingen? Welcher Tor wird das behaupten? Wo finden wir also, dass der Apostel erbeten und nicht empfangen hat? Er sagt doch selbst: *Und damit ich mich der Überschwänglichkeit der Offenbarungen nicht überhebe, wurde mir ein Dorn für das Fleisch gegeben, ein Engel Satans, dass er mich ins Gesicht schlage, damit ich mich nicht überhebe. Mit Bezug auf diesen habe ich den Herrn dreimal gebeten, dass er von mir ablassen möchte. Und er hat zu mir gesagt: Meine Gnade ist genug für dich, denn die Kraft erreicht ihre Vollendung in Schwachheit* (2 Kor 12,7-9). Seht, er ist nicht erhört worden und der Engel Satans hat nicht von ihm abgelassen. Aber warum? Weil es ihm nicht genutzt hätte. Er wurde erhört zu seinem Heil, er ist nicht erhört worden nach seinem Willen. Eure Liebe erkenne das große Geheimnis, das wir euch deshalb anempfehlen, damit ihr es in euren Versuchungen nicht aus dem Blick verliert. Die Heiligen werden zu ihrem Heil in allem erhört, sie werden immer zum ewigen Heil erhört: danach verlangt sie und dem entsprechend werden sie immer erhört. [VI, 6]

Unterschiedliche Erhörungen

Aber unterscheiden wir zwischen den Erhörungen Gottes. Einige Menschen werden nicht entsprechend ihrem Willen, wohl aber zu ihrem Heil erhört. Und wiederum gibt es andere, die ihrem Willen nach erhört werden, nicht aber zu ihrem Heil. Da unterscheidet also und haltet das Beispiel eines Menschen fest, der nicht nach seinem Willen, wohl aber zu seinem Heil erhört worden ist. Vernehmt den Apostel Paulus, denn Gott hat ihm die Erhörung zum Heil gezeigt: *Meine Gnade ist genug für dich, denn die Kraft erreicht ihre Vollendung in Schwachheit.* Du hast gebeten, hast geschrien, hast dreimal geschrien. Ich habe gehört, dass du einmal geschrien hast; ich habe meine Ohren nicht vor dir verschlossen. Ich weiß, was ich tun werde: Du willst, dass das Heilmittel, das dich peinigt, ausgesetzt werde, ich kenne die Krankheit, die dich belastet. Paulus ist also zu seinem Heil erhört worden, nicht seinem Willen nach.

Finden wir solche, die ihrem Willen nach, nicht zu ihrem Heil erhört worden sind? Gibt es wohl einen Bösen, einen Gottlosen, der eine solche Erhörung erfahren hat? Gäbe ich dir das Beispiel irgendeines Menschen, wirst du mir vielleicht sagen: Du nennst ihn ungerecht, aber er war gerecht; wäre er nicht gerecht, hätte Gott ihn nicht erhört. Ich werde dir jemanden schildern, an dessen Ungerechtigkeit und Gottlosigkeit niemand zweifelt. Der Teufel selbst bat um Job und er erhielt ihn (vgl. Job 1,11-12). Habt ihr nicht hier in diesem Brief vom Teufel gehört, *wer sündigt, ist aus dem Teufel* (1 Joh 3,8)? Nicht weil Gott ihn erschaffen hat, sondern weil der Teufel ihn nachahmt. Wird vom Teufel nicht gesagt: *Er stand nicht in der Wahrheit* (Joh 8,44)? Ist er nicht jene alte Schlange, die durch die Frau dem ersten Menschen Gift zutrank (vgl. Gen 3,1-6)? Der auch dem Job die Frau rettete, nicht damit der Mann durch sie getröstet, sondern versucht werde (vgl. Job 2,9). Der Teufel erbat sich also den heiligen Mann, um ihn zu versuchen, und er erhielt ihn: Der Apostel bat, dass der Stachel in seinem Fleisch weggenommen werde, und ihm wurde nicht entsprochen. Aber der Apostel fand mehr Erhörung als der Teufel. Der Apostel wurde nämlich zu seinem Heil erhört, auch wenn die Erhörung nicht seinem Willen entsprach: Der Teufel wurde nach seinem Willen erhört, aber zur Verurteilung. Job wurde ihm zur Versuchung überlassen, damit er durch die Erprobung gequält werde. Aber das, Brüder, finden wir nicht nur in den Büchern des Alten Testaments, sondern auch im Evangelium. Als der Herr die Dämonen aus einem Menschen austrieb, baten sie ihn, dass er ihnen erlaube, in die Schweine auszufahren (vgl. Lk 8,32). Könnte der Herr nicht zu ihnen sagen, dass sie dorthin nicht könnten? Denn wollte er es nicht, sie hätten nicht gegen den König des Himmels und der Erde rebelliert. Aufgrund eines bestimmten Geheimnisses und eines bestimmten Abwägens schickte er sie in die Schweine, um zu zeigen, dass der Teufel in denen herrsche, die ein Leben von Schweinen führen. Wurden also die Dämonen erhört und der Apostel nicht? Oder fragen wir besser, was der Wahrheit näherkommt: Vielmehr ist der Apostel erhört worden und die Dämonen nicht? Ihrem Willen wurde entsprochen, das Heil des Apostels ist vollendet. [VI, 7]

Mit Gottvertrauen bitten

Nach dieser Erklärung müssen wir einsehen, dass Gott, gibt er nicht nach unserem Willen, so doch zu unserem Heil erhört. Bittest du um etwas für dich Schädliches und der Arzt weiß das, was würde geschehen? Der Arzt weigert sich nicht, dich zu erhören, wenn du um frisches Wasser bittest, und gibt es dir sofort, wenn es dir dient. Nützt es dir aber nicht, so gibt er es dir nicht. Hat er dich in dem Fall nicht erhört? Oder hat er dich zu Gunsten deiner Gesundheit erhört, wenn er dir widersprochen hat?

In euch, Brüder, herrsche also die Liebe; sie sei in euch und ihr möget ohne Sorge sein: Und wenn euch das nicht gegeben wird, worum ihr bittet, seid ihr erhört, auch wenn ihr es nicht wisst. Viele wurden zu ihrem Unheil sich selbst überlassen; über sie sagt der Apostel: *Gott gab sie den Gelüsten ihres Herzens hin* (Röm 1,24). Jemand hat um eine große Summe Geld gebeten und bekam sie zu seinem Unheil. Bevor er sie besaß, lebte er ohne viel Angst. Als er sie besaß, wurde er zur Beute eines Mächtigen. Ist nicht der zu seinem Unheil erhört worden, der besitzen wollte? Daher wurde er von einem Räuber aufgesucht, er, für den als Armen sich niemand interessierte. Lernt Gott zu bitten, dass ihr es dem Arzt anheimstellt, was er für richtig hält. Du bekennst die Krankheit, jener ziehe das Arzneimittel hinzu. Halte du nur die Liebe fest. Denn jener will schneiden, will brennen; wenn du schreist und nicht erhört wirst während des Operierens, beim Brennen und in der Drangsal, weiß jener, wie tief die Wunde ist. Du willst schon, dass er die Hand zurücknehme, doch jener achtet auf die Tiefe der Wunde, denn er weiß, bis wohin sie geht. Er erhört dich nicht nach deinem Wunsch, sondern in Hinblick auf deine Gesundheit.

Seid also sicher, meine Brüder, dass die Worte des Apostels wahr sind: *Denn wir wissen nicht, was wir beten sollen, wie es sich gebührt, aber der Geist selber tritt für uns ein mit unaussprechlichen Seufzern, denn er tritt für die Heiligen ein, wie es Gott gefällt* (Röm 8,26f.). Was heißt das: *Der Geist selber tritt für die Heiligen ein,* wenn nicht die Liebe selbst, die in ihnen durch den Heiligen Geist gewirkt wird? Deshalb sagt derselbe Apostel: *Die Liebe Gottes ist ausgegossen in unsere Herzen durch den Heiligen Geist, der uns gegeben worden ist* (Röm 5,5). Die Liebe seufzt, die Liebe bittet; ihr gegenüber kann der, welcher sie gegeben hat, die Ohren nicht verschließen. Sei ohne Sorge, die Liebe möge beten und das Ohr Gottes ist offen. Es geschieht nicht, was du willst, es geschieht, was für dich förderlich ist. Denn *was immer wir erbitten, empfangen wir von ihm* (1 Joh 3,22). Ich habe bereits gesagt, wenn du das Wort vom Heil verstehst, gibt es kein Problem, verstehst du es aber nicht, ist das Problem groß, das dich gegenüber dem Apostel Paulus zum Verleumder macht. *Was immer wir erbitten, empfangen wir von ihm, denn wir halten seine Gebote und tun, was vor ihm Gefallen findet.* Vor ihm, in unserem Inneren, das er allein sieht. [VI, 8]

Die Gebote Gottes

Und welches sind jene Gebote? *Das ist sein Gebot: Dass wir an den Namen seines Sohnes Jesus Christus glauben und einander lieben.* Ihr seht, das ist das Gebot, ihr seht, wer gegen dieses Gebot verstößt, sündigt, wovon jeder, der aus Gott geboren ist, sich fernhält. *Wie er uns ein Gebot gegeben hat* (1 Joh 3,23), dass wir einander lieben. *Wer seine Gebote hält, bleibt in ihm und Gott in ihm; und daran erkennen wir, dass er in uns bleibt aus dem Geist, den er uns gegeben hat* (1 Joh 3,24). Ist es nicht offenkundig, dass das der Heilige Geist im Menschen vollbringt, dass die Liebe (dilectio et caritas) in ihm ist? Ist es nicht offenkundig, was der Apostel Paulus sagt: *Die Liebe Gottes ist ausgegossen in unsere Herzen durch den Heiligen Geist, der uns gegeben worden ist* (Röm 5,5). Von der Liebe sprach auch Johannes und sagte, dass wir im Angesicht Gottes unser Herz befragen müssen. *Wenn unser Herz uns nicht anklagt,* das heißt, wenn es bekennt, dass jedes gute Werk in brüderlicher Liebe geschieht. Hinzu kommt auch noch, dass er über das Gebot sagte: *Das ist sein Gebot: Dass wir an den Namen seines Sohnes Jesus Christus glauben und einander lieben. Wer seine Gebote hält, bleibt in ihm und Gott in ihm; und daran erkennen wir, dass er in uns bleibt aus dem Geist, den er uns gegeben hat.* Wenn du in dir Liebe zu haben meinst, hast du den Geist Gottes, um zu verstehen: Das ist etwas ganz Wichtiges. [VI, 9]

In der Einheit der Liebe

In den ersten Zeiten kam auf die Gläubigen der Heilige Geist herab und sie redeten in Zungen, die sie nicht erlernt hatten, wie der Geist ihnen zu sprechen eingab. Zeichen waren es, der Zeit angepasst. Denn so sollte sich der Heilige Geist in allen Zungen zu verstehen geben, weil das Evangelium Gottes in allen Zungen über den ganzen Erdkreis eilen sollte. Es ist ein Zeichen, und es ist vergangen. Wird etwa von denen, die den Heiligen Geist durch Handauflegung empfangen, erwartet, dass sie in Zungen reden? Oder erwartete einer von euch, als wir diesen Neugetauften die Hand auflegten, dass sie in Zungen reden würden? Und wenn man sieht, dass sie nicht in Zungen reden, ist da einer unter euch so verkehrten Herzens gewesen, dass er gesagt hätte: Diese haben den Heiligen Geist nicht empfangen, denn hätten sie ihn empfangen, hätten sie in Zungen geredet, wie es damals geschehen ist? Wenn also die Gegenwart des Heiligen Geistes nicht durch solche Wunder bezeugt wird, woran erkennt dann einer, dass er den Heiligen Geist empfangen hat? Er befrage sein Herz: Liebt er den Bruder, bleibt der Heilige Geist in ihm. Er sehe, prüfe sich selbst vor den Augen Gottes; er sehe, ob in ihm die Liebe zum Frieden und zur Einheit besteht, die Liebe zu der über den ganzen Erdkreis verbreiteten Kirche. Er gebe Acht darauf, nicht nur den Bruder, den er vor sich sieht, zu lieben; denn viele unserer Brüder sehen wir nicht und sind doch in der Einheit des Geistes mit ihnen verbunden. Was gibt es da zu staunen, dass sie nicht mit uns sind? Wir sind in einem Leib, ein Haupt haben wir im Himmel.

Brüder, unsere Augen sehen sich nicht, kennen sich gleichsam nicht. Oder kennen sie sich nicht doch in der Liebe leiblicher Verbundenheit? Denn damit ihr wisst, dass sie sich in der Verbundenheit der

Liebe kennen: Wenn beide Augen offen sind, kann das rechte nicht etwas beachten, was das linke nicht auch sieht. Richte das rechte Auge auf einen Punkt ohne das linke, falls du das kannst. Gleichzeitig vereinen und richten sie sich, die Absicht ist eine, verschieden ist nur ihr Ort.[4] Wenn also alle, die zusammen mit dir Gott lieben, eine Absicht mit dir haben, dann beachte nicht, dass du leiblich und örtlich von ihnen getrennt bist; die Spitze des Herzens hast du im Licht der Wahrheit befestigt. Willst du also wissen, ob du den Geist empfangen hast, befrage dein Herz, ob du vielleicht das Sakrament hast, nicht aber die Kraft des Sakramentes. Befrage dein Herz, ist da die Liebe zum Bruder, dann sei ohne Sorge. Ohne den Geist Gottes kann die Liebe nicht sein, denn Paulus sagt: *Die Liebe Gottes ist ausgegossen in unsere Herzen durch den Heiligen Geist, der uns gegeben worden ist* (Röm 5,5). [VI, 10]

Prüfet die Geister

Geliebte, schenkt nicht jedem Geist Glauben (1 Joh 4,1). Weil Johannes gesagt hat: *Daran erkennen wir, dass er in uns bleibt aus dem Geist, den er uns gegeben hat* (1 Joh 3,24). Achtet daher darauf, woran der Geist erkannt wird. *Geliebte, schenkt nicht jedem Geist Glauben, sondern prüft die Geister, ob sie aus Gott sind* (1 Joh 4,1). Wer aber prüft den Geist?

[4] Der Vergleich ist wohl folgender: Obwohl unser rechtes und unser linkes Auge sich nicht an derselben Stelle befinden, vereinen sie sich und schließen sich zusammen zugunsten der Wahrnehmung eines bestimmten Punktes. Dieselbe einigende Kraft hat die Liebe: Im Heiligen Geist schafft sie Verbundenheit über alle personalen Grenzen hinaus.

Meine Brüder, da ist uns eine schwierige Sache auferlegt: Es ist gut für uns, dass Johannes selbst sagt, wonach wir unterscheiden sollen. Er wird sprechen; habt keine Angst: aber zuerst schaut, habt Acht, schaut, dass aus dem, was hier zum Ausdruck kommt, weswegen die eitlen Häretiker fälschlich anklagen. Vernehmt, was er sagt: *Geliebte, schenkt nicht jedem Geist Glauben, sondern prüft die Geister, ob sie aus Gott sind.* Der Heilige Geist wird im Evangelium mit dem Wort Wasser bezeichnet, wenn der Herr ruft: *Wenn jemand dürstet, komme er zu mir und trinke! Wer an mich glaubt, aus dessen Leibe werden Ströme lebendigen Wassers fließen.* Mit den folgenden Worten erklärt der Evangelist: *Das sagte er aber mit Bezug auf den Heiligen Geist, den die empfangen sollten, welche an ihn glaubten.* Warum hat der Herr nicht viele getauft? Was sagt er dazu? *Der Geist war noch nicht gegeben, weil Jesus noch nicht verherrlicht war* (Joh 7,37-39). Sie hatten also die Taufe, den Heiligen Geist aber noch nicht empfangen, den der Herr am Pfingsttag vom Himmel gesandt hat. Damit der Geist gegeben werde, wurde also die Verherrlichung des Herrn erwartet. Bevor er verherrlicht wurde und bevor er den Geist sandte, lud er die Menschen ein, sich auf den Empfang des Wassers vorzubereiten, von dem er sagte: *Wenn jemand dürstet, komme er zu mir und trinke! Wer an mich glaubt, aus dessen Leibe werden Ströme lebendigen Wassers fließen.* Was bedeuten die *Ströme lebendigen Wassers*? Welches Wasser ist gemeint? Niemand frage mich, man frage das Evangelium. *Das sagte er aber mit Bezug auf den Heiligen Geist, den die empfangen sollten, welche an ihn glaubten.* Eines ist also das Wasser des Sakraments, ein anderes das Wasser des Geistes Gottes. Das Wasser des Sakraments ist sichtbar, das Wasser des Geistes unsichtbar. Wasser reinigt den Leib und deutet auf das, was in der Seele geschieht; durch den Geist wird die Seele gereinigt und gesättigt. Es ist der Geist Gottes, den die Häretiker nicht haben können und auch die nicht, die sich von der Kirche trennen. Und die sich nicht offen trennen, aber durch die Sünde getrennt sind und im Inneren wie Spreu umhergewirbelt werden und keine Körner sind, haben eben diesen Geist nicht. Dieser Geist ist vom Herrn mit dem Wort Wasser bezeichnet worden, und wir haben in diesem Brief gehört: *Schenkt nicht jedem Geist Glauben,* und die Worte Salomons bezeugen: *Von fremdem Wasser halte dich fern*[5] (Spr 9,18). Was bedeutet Wasser? Den Geist! Bezeichnet Wasser etwa immer den Geist? Nein, nicht immer, aber an bestimmten Stellen, an anderen Stellen die Taufe, an noch anderen die Völker, ferner den Verstand. An einer Stelle steht: *Wer Verstand hat, dem ist er eine Quelle des Lebens* (Spr 16,22). Also hat das Wort Wasser an verschiedenen Stellen der Schrift unterschiedliche Bedeutung. Jetzt habt ihr mit dem Wort Wasser vom Geist gehört, nicht gemäß unserer Deutung, sondern nach dem Zeugnis des Evangeliums, in dem es heißt: *Das sagte er aber mit Bezug auf den Heiligen Geist, den die empfangen sollten, welche an ihn glaubten* (Joh 7,39). Wenn also mit dem Wort Wasser der Heilige Geist bezeichnet wird und dieser Brief uns sagt: *Schenkt nicht jedem Geist Glauben, sondern prüft die Geister, ob sie aus Gott sind,* wollen wir von daher auch das Wort

[5] Augustinus folgt der Septuaginta, was er regelmäßig bei Zitaten des Alten Testamentes tut.

einsehen: *Von fremdem Wasser halte dich fern und aus fremder Quelle trinke nicht* (Spr 9,18). Was heißt das, *aus fremder Quelle trinke nicht?* Einem fremden Geist schenke keinen Glauben. [VI, 11]

Unterscheidung der Geister

Es bleibt noch zu untersuchen, wie zu erweisen ist, dass es sich um den Geist Gottes handelt. Ein Zeichen hat er uns gegeben, das möglicherweise schwierig ist; schauen wir trotzdem. Zu der Liebe wollen wir zurückkehren; sie ist es ja, die uns belehrt, denn sie ist die Salbung. Doch was sagt der Evangelist hier: *Prüft die Geister, ob sie aus Gott sind, denn viele falsche Propheten sind hinausgegangen in die Welt.* Dort sind jetzt alle Häretiker und Schismatiker. Wie erweise ich also einen Geist? Es folgt: *Daran erkennt ihr den Geist Gottes.* Richtet die Ohren eures Herzens auf. Wir haben uns angestrengt und gefragt: Wer hat gehört, wer hat unterschieden? Seht das Zeichen, das gegeben wird. *Daran erkennt ihr den Geist Gottes: Jeder Geist, der sich zu Jesus Christus bekennt, der im Fleisch gekommen ist, ist aus Gott; und jeder Geist, der sich nicht zu Jesus bekennt, ist nicht aus Gott. Und das ist der Geist des Antichristen, von dem ihr gehört habt, dass er kommt. Der ist jetzt schon in der Welt* (1 Joh 4,1-3). Die Ohren sind gleichsam aufgerichtet zur Unterscheidung der Geister und wir haben etwas vernommen, woraus wir außerdem nicht unterscheiden können. Denn was sagt Johannes? *Jeder Geist, der sich zu Jesus Christus bekennt, der im Fleisch gekommen ist, ist aus Gott.* Also ist der Geist der Häretiker aus Gott, denn sie bekennen, dass Jesus Christus im Fleisch gekommen ist. Schau, hier erheben sie sich gegen uns und sagen: Ihr habt nicht den Geist aus Gott, wir aber bekennen, dass Jesus Christus im Fleisch gekommen ist. Der Apostel verneint aber, dass die den Geist Gottes haben, die nicht bekennen, dass Jesus Christus im Fleisch gekommen ist. Frage die Arianer, sie bekennen, dass Jesus Christus im Fleisch gekommen ist, frage die Eunomianer, die Mazedonier, Cataphrygas, die Novatianer: Sie alle bekennen, dass Jesus Christus im Fleisch gekommen ist. Haben also alle diese Häretiker[6] den Geist Gottes? Sind sie keine Pseudopropheten? Besteht da keine Täuschung oder Verführung? Sicher sind sie Antichristen, die von uns ausgegangen sind, aber nicht aus uns waren. [VI, 12]

Die Häretiker

Was tun wir also? Woher unterscheiden wir? Habt Acht: Mit dem Herzen wollen wir zugleich vorangehen und anklopfen. Die Liebe wacht, sie selbst wird anklopfen und auch öffnen: Bald werdet ihr im Namen unseres Herrn Jesus Christus erkennen. Zwar habt ihr das Wort schon gehört: *Der leugnet, dass Jesus der Christus ist, das ist der Antichrist* (1 Joh 2,22). So haben wir damals gefragt, wer verleugnet, denn weder wir noch jene tun das. Wir haben herausgefunden, dass einige ihn mit ihren Werken verleugnen. Und wir haben das Zeugnis des Apostels Paulus herangezogen, der da sagt: *Sie erklären feierlich, Gott zu kennen, mit den Werken aber verleugnen sie ihn* (Tit 1,16). So wollen wir also auch fragen, wer mit den Werken, nicht mit der Zunge verleugnet.

[6] Die Irrlehrer und Schismatiker des 3. und 4. Jahrhunderts.

Wer ist der Geist, der nicht aus Gott ist? *Der nicht bekennt, dass Jesus Christus im Fleisch gekommen ist.* Und wer ist der Geist, der aus Gott ist? *Der bekennt, dass Jesus Christus im Geist gekommen ist.* Wer ist das, der bekennt, dass Jesus Christus im Fleisch gekommen ist? Auf, meine Brüder, achten wir auf die Werke, nicht auf das Getöse der Worte. Fragen wir uns, warum Christus im Fleisch gekommen ist, und wir finden diejenigen, die sein Kommen im Fleisch leugnen. Achtest du auf die Worte, so hörst du viele Häresien zur Leugnung des Kommens Christi im Fleisch, aber die Wahrheit überführt sie. Warum kam Christus im Fleisch? War er nicht Gott? Steht nicht von ihm geschrieben: *Im Anfang war das Wort und das Wort war bei Gott und das Wort war Gott* (Joh 1,1)? War er nicht die Speise der Engel und ist es noch? Kam er nicht so auf die Erde, ohne sich vom Himmel zu entfernen? Fuhr er nicht so auf, dass er uns nicht verließ? Warum kam er also im Fleisch? Weil uns die Hoffnung auf die Auferstehung deutlich gemacht werden sollte. Er war Gott, und er kam im Fleisch, denn Gott konnte nicht sterben, das Fleisch aber konnte sterben, also kam er im Fleisch, um für uns zu sterben. Auf welche Weise ist er aber für uns gestorben? *Größere Liebe hat niemand als die, dass einer sein Leben hingibt für seine Freunde* (Joh 15,13). Die Liebe führte ihn also ins Fleisch. Wer diese Liebe nicht hat, leugnet die Ankunft Christi im Fleisch. Jetzt frage nun alle Häretiker, ob Christus im Fleisch gekommen ist. Er kam, so glaube ich, das bekenne ich. Nein, du leugnest es. Warum leugne ich es? Höre, ich sage es dir; ich überführe dich sogar der Leugnung. Du sprichst mit der Stimme, du leugnest im Herzen; mit Worten bekennst du, mit den Werken leugnest du. Wie, sagst du, leugne ich mit den Werken? Weil Christus im Fleisch gekommen ist, um für uns zu sterben. Er ist für uns gestorben, um uns seine große Liebe zu lehren. *Größere Liebe hat niemand, als wer sein Leben hingibt für seine Freunde* (Joh 15,13). Du hast die Liebe nicht, denn um deiner Ehre willen zerstörst du die Einheit.[7] Erkennt also von hier aus den Geist aus Gott. Beklopft, berührt die tönernen Gefäße, ob sie nicht hohl klingen und schlecht widerhallen: seht, ob sie voll klingen, seht, ob dort die Liebe ist. Du nimmst dich aus der Einheit mit dem Erdkreis heraus, du zerteilst die Kirche durch Spaltungen, du zerfetzt den Leib Christi. Jener kam im Fleisch, um zu verbinden: du rufst in die Zerstreuung. Das also ist der Geist Gottes, der sagt, dass Jesus im Fleisch gekommen ist: der es nicht mit der Zunge, sondern mit den Werken sagt; der es nicht geräuschvoll verkündet, sondern durch die Liebe bekennt. Jener aber ist nicht der Geist Gottes, der das Kommen Jesu Christi im Fleisch leugnet: auch er leugnet nicht mit der Zunge, sondern mit seinem Leben, nicht mit Worten, sondern mit seinen Werken. Damit ist offensichtlich, woran wir die Brüder erkennen. Viele sind drinnen, aber nur als ob, niemand ist draußen, wenn er nicht wirklich draußen ist. [VI, 13]

Auflösung gegen Erfüllung

Damit ihr wisst, dass er sich auf die Werke bezieht, sagt der Apostel: *Und jeder Geist, der die Ankunft Christi*

[7] Wieder werden die Donatisten angeklagt, die nordafrikanische Kirche aus der Einheit der Catholica herausgelöst zu haben.

im Fleisch auflöst, ist nicht aus Gott. Das heißt, mit Werken auflöst. Was zeigt er dir damit? Wer leugnet, weil er gesprochen hat, löst auf. Jener kam, um zu sammeln, du kommst, um aufzulösen. Du willst die Glieder Christi auseinanderreißen. Wie leugnest du nicht die Ankunft Christi im Fleisch, da du die Kirche Gottes auseinanderreißt, die jener versammelt hat? Gegen Christus kommst du also, du bist ein Antichrist. Ob du drinnen oder draußen bist, du bist ein Antichrist, aber wenn du drinnen bist, bist du verborgen, wenn du draußen bist, ist es offensichtlich.[8] Du löst Jesus auf und leugnest sein Kommen im Fleische; du bist nicht aus Gott. Deshalb liest man im Evangelium: *Wer nun eins dieser kleinsten Gebote auflöst und so lehrt, wird der Kleinste heißen im Himmelreich* (Mt 5,19). Was heißt auflöst, was heißt lehrt? Er löst mit Werken auf und lehrt gleichsam mit Worten. *Du, der du predigst, man solle nicht stehlen, stiehlst* (Röm 2,21). Mit dem Werk löst also der auf, der stiehlt, und er lehrt mit den Worten: *Er wird der Kleinste heißen im Himmelreich*, das heißt in der Kirche dieser Zeit. Über ihn wird gesagt: *Alles nun, was sie euch sagen, tut und befolgt, aber nach ihren Werken tut nicht* (Mt 23,3). *Wer sie aber tut und lehrt, der wird groß heißen im Himmelreich* (Mt 5,19). Hier ist das *tut*

[8] Es gibt ein Drinnen und ein Draußen: Auch wenn sich Gott unlöslich an die Sakramente der Kirche gebunden hat, so bleibt der Geist Gottes doch frei; er weht, wo er will, und begnadet, wen er will. Der Antichrist kann also als ein scheinbarer Christ in der Kirche sein, die aus Spreu und Weizen, Guten und Bösen besteht. Er ist dann aber nur scheinbar drinnen; in Wahrheit ist er draußen. Vgl. Augustinus, *Das Antlitz der Kirche*, a.a.O., 16ff.

gegen das *auflöst* gesetzt, das heißt, man tut nicht und lehrt so. Der löst also auf, der nicht tut. Das also lehrt uns der Apostel, dass wir die Werke hinterfragen und den Worten nicht glauben sollen.

Der Mangel an Klarheit dieser Predigtworte hat uns zu vielen Worten gezwungen, besonders damit auch die langsameren Brüder verstehen, was der Herr sich zu enthüllen würdigt, denn durch das Blut Christi sind alle erkauft. –

Ich fürchte, dass ich in diesen Tagen die Erklärung dieses Briefes nicht, wie versprochen, abschließen kann, doch ist es besser, wie es dem Herrn gefällt, etwas übrig zu lassen, als die Herzen mit zu viel Speise zu beschweren. [VI, 14]

SIEBTE PREDIGT zu 1 Joh 4,4-12

Ihr seid schon aus Gott
Unter der Führung Christi trinken wir, nach dem Verzicht auf diese Welt, die Liebe. Die Liebe ist Gott: Wer sie hat, sieht Gott. Liebe und tu, was du willst. Liebe den Menschen, nicht sein Abirren.

Trinke aus der Quelle der Liebe

Diese Welt ist für viele Gläubige, die das Vaterland suchen, das, was für die Israeliten die Wüste gewesen ist. Sie irrten zwar auf der Suche nach dem Vaterland immer noch umher, aber unter der Führung Gottes konnten sie nicht in die Irre gehen. Ihr Weg war das Geheiß Gottes. Denn vierzig Jahre gingen sie umher für einen Weg, der bekanntlich in wenigen Tagen zurückzulegen ist. Sie wurden aufgehalten, weil sie geprüft wurden, nicht weil sie verlassen wurden. Denn was uns Gott verheißt, ist unaussprechliche Süße, ein Gut, wie die Schrift sagt und ihr uns oft erwähnen hörtet, *das kein Auge gesehen und kein Ohr gehört hat und keinem Menschen ins Ohr emporgestiegen ist* (1 Kor 2,9). Durch zeitliche Mühsale werden wir geprüft und durch Versuchungen des gegenwärtigen Lebens werden wir unterwiesen. Wenn ihr in dieser Wüste nicht verdursten wollt, trinkt die Liebe. Sie ist der Quell, den der Herr hier sprudeln ließ, damit wir auf dem Weg nicht ermatten, und aus dem wir noch reichlicher trinken werden, wenn wir zum Vaterland kommen.

Eben wurde das Evangelium verlesen[1]: Um von den Worten am Ende der Lesung auszugehen, wo-

[1] Vielleicht Mt 6,1-15.

von sonst habt ihr da vernommen als von der Liebe? Wir haben nun einmal mit unserem Gott im Gebet einen Pakt geschlossen, dass, wenn wir wollen, dass er uns unsere Sünden vergibt, dann auch wir die Sünden vergeben, die gegen uns begangen wurden (vgl. Mt 6,12). Aber nur die Liebe vergibt. Nimm die Liebe aus dem Herzen, und der Hass besitzt dich und weiß nichts von Vergebung. Gib der Liebe dort Raum, sie vergibt gewiss, da sie keine Beschränkung kennt. Dieser ganze Brief, den wir für euch auslegen, schaut, ob er etwas anderes empfiehlt als die Liebe. Ich brauche nicht zu fürchten, dass ich mit immer derselben Rede Verdruss errege. Denn was wird geliebt, wenn selbst die Liebe Widerwillen erregt? Wie muss doch die Liebe geliebt werden, da durch sie alles andere in rechter Weise geliebt wird! Niemals darf sie aus unserem Herzen weichen, noch unser Mund von ihr verstummen. [VII, 1]

Sei das Lasttier Christi

Ihr seid aus Gott, meine Kinder, und habt ihn besiegt (1 Joh 4,4); wen, wenn nicht den Antichristen. Zuvor hatte der Evangelist gesagt: *Und jeder Geist, der die Ankunft Christi im Fleisch auflöst, ist nicht aus Gott* (1 Joh 4,2). Wir haben euch, wie ihr euch erinnert, bereits dargelegt, dass alle, die das Kommen Christi im Fleisch leugnen, die Liebe verletzen. Denn Christus sollte aus keinem anderen Grund kommen außer wegen der Liebe. Jene Liebe ist uns aufgetragen; er empfiehlt sie selbst im Evangelium: *Größere Liebe hat niemand als die, dass einer sein Leben hingibt für seine Freunde* (Joh 15,13). Wie hätte der Sohn Gottes sein Leben für uns hingeben können, wenn er sich nicht mit Fleisch bekleidet hätte, in dem er sterben konnte. Wer also die Liebe verletzt, leugnet mit seinem Leben die Fleischwerdung Christi, was auch immer seine Zunge bekennt. Er ist ein Antichrist, wo immer er ist und wohin immer er geht. Aber was sagt Johannes denen, die Bürger jenes Vaterlandes sind, nach dem wir uns sehnen? *Ihr habt ihn besiegt.* Wie haben sie ihn besiegt? *Denn der in euch ist größer als der in der Welt ist* (1 Joh 4,4). Nicht ihren eigenen Kräften sollten sie den Sieg zuschreiben, nicht durch die Überheblichkeit des Stolzes besiegt werden (denn wen der Teufel stolz macht, den besiegt er), sondern er wollte sie in der Demut bewahren, und was sagt er: *Ihr habt ihn besiegt.* Bei diesen Worten erhebt jeder sein Haupt und richtet seinen Nacken auf, denn er will gelobt werden. Überhebe dich nicht, bedenke, wer in dir gesiegt hat. Warum hast du gesiegt? *Denn der in euch ist größer als der in der Welt ist.* Sei demütig, trage deinen Herrn. Sei das Lasttier deines Reiters. Es ist gut, dass er dich leitet und führt. Denn wenn du ihn nicht als Reiter hast, kannst du den Kopf erheben, kannst du schlagen, aber wehe dir ohne Leitung, denn diese Freiheit wirft dich den wilden Tieren zum Fraß vor. [VII, 2]

Liebhaber der Welt

Sie gehören zur Welt. Wer sind sie? Die Antichristen. Ihr habt schon vernommen, wer sie sind. Wenn ihr nicht dazugehört, so kennt ihr sie: *Sie gehören zur Welt; deshalb reden sie, wie die Welt redet, und die Welt hört auf sie* (1 Joh 4,5). Wer sind die, welche wie die Welt reden? Habt Acht, wer gegen die Liebe ist. Ihr habt die Worte des Herrn vernommen: *Wenn ihr den*

Menschen ihre Verfehlungen vergebt, wird euer himmlischer Vater euch auch vergeben. Wenn ihr aber den Menschen nicht vergebt, wird euer himmlischer Vater eure Verfehlungen auch nicht vergeben (Mt 6,14-15). Der Satz stammt aus der Wahrheit, widerleg ihn, wenn nicht die Wahrheit spricht. Bist du Christ und glaubst an Christus, der selbst gesagt hat: *Ich bin die Wahrheit* (Joh 14,6). Dieser Satz ist wahr und fest. Jetzt höre die Menschen, die wie die Welt reden. Wirst du da nicht einschreiten und jener wird fragen, was er dir angetan hat. Ja, lass ihn fühlen, dass er es mit einem Mann zu tun hat. Täglich erfährt man solche Dinge und die Welt hört darauf. So etwas sagen und hören nur die, welche die Welt lieben. Und wer die Welt liebt und die Liebe außer Acht lässt, der leugnet – das habt ihr gehört – das Kommen Jesu im Fleisch. Oder hat etwa der Herr im Fleisch selbst so gehandelt? Als er geohrfeigt wurde, wollte er sich rächen? Als er am Kreuz hing, betete er da nicht: *Vater, vergib ihnen, denn sie wissen nicht, was sie tun?* (Lk 23,34). Wenn aber der nicht drohte, der die Gewalt hatte, was drohst dann du, der du unter fremder Gewalt stehst. Jener starb, weil er es wollte, und drohte nicht, und du weißt nicht, wann du stirbst, und drohst? [VII, 3]

Der Geist der Wahrheit

Wir sind aus Gott. Schauen wir warum. Ob aus einem anderen Grund als aufgrund der Liebe. *Wir sind aus Gott. Wer Gott erkennt, hört auf uns; wer nicht aus Gott ist, hört nicht auf uns. Daran erkennen wir den Geist der Wahrheit und den Geist des Irrtums* (1 Joh 4,6). Wer auf uns hört, hat den Geist der Wahrheit, wer nicht auf uns hört, hat den Geist des Irrtums. Schauen wir, wozu er uns ermahnt, und hören wir lieber auf ihn, der im Geist der Wahrheit mahnt, als auf die Antichristen oder die Liebhaber dieser Welt und die Welt. Wenn wir aus Gott geboren sind, *Geliebte*, seht, was weiter folgt: *Wir sind aus Gott. Wer Gott erkennt, hört auf uns; wer nicht aus Gott ist, hört nicht auf uns. Daran erkennen wir den Geist der Wahrheit und den Geist des Irrtums.* Schon hat er uns darauf aufmerksam gemacht, dass wer Gott kennt, hört; wer ihn aber nicht kennt, hört ihn nicht, und das unterscheidet den Geist der Wahrheit vom Geist des Irrtums. Schauen wir, wozu er uns ermahnen will, worin wir ihn hören sollen. *Geliebte, lasst uns einander lieben.* Warum? Weil uns ein Mensch dazu mahnt? *Denn die Liebe ist aus Gott.* Die Liebe wird schon dadurch empfohlen, dass der Evangelist sagt, *sie ist aus Gott.* Er sagt noch mehr, hören wir aufmerksam hin. Gerade hatte er gesagt: *Denn die Liebe ist aus Gott; und jeder, der liebt, ist aus Gott geboren und er erkennt Gott.* Warum? *Denn Gott ist Liebe* (1 Joh 4,7-8). Was hätte mehr gesagt werden können, Brüder? Gäbe es auf allen Seiten dieses Briefes und auf allen weiteren Seiten der Schrift kein Lob der Liebe, und wir hörten den Geist Gottes nur dieses Eine sagen: *Denn Gott ist Liebe*, müssten wir nichts weiter fragen. [VII, 4]

Gott ist Liebe

Ihr seht also, gegen die Liebe handeln, bedeutet gegen Gott handeln. Niemand sage, ich sündige gegen einen Menschen, wenn ich meinen Bruder – hört gut zu – nicht liebe, und gegen einen Menschen sündigen ist einfach, aber gegen Gott möchte ich nicht sündigen. Doch wie sündigst du nicht gegen Gott, wenn du gegen die Liebe sündigst? *Denn Gott ist Liebe.* Sagen das etwa wir? Sagten wir *Gott ist Liebe*, würde vielleicht jemand von euch verärgert fragen: Was hat er da gesagt? Was wollte er damit sagen, dass *Gott Liebe ist*? Gott hat uns die Liebe gegeben, ja, geschenkt hat er die Liebe. *Die Liebe ist aus Gott. Denn Gott ist Liebe.* Seht, Brüder, ihr habt die Schriften Gottes: Dieser Brief ist aus dem Kanon, er wird bei allen Völkern gelesen, mit der Autorität des Erdkreises wird an ihm festgehalten, den Erdkreis hat er selbst begründet. Vom Geist Gottes vernimmst du: *Gott ist Liebe.* Wagst du es jetzt, so handle gegen Gott, indem du deinen Bruder nicht liebst. [VII, 5]

Die Liebe ist aus Gott

Wie passen diese Sätze zusammen: *Die Liebe ist aus Gott* und *die Liebe ist Gott*? Denn Gott ist Vater und Sohn und Heiliger Geist: Der Sohn ist Gott von Gott, der Heilige Geist ist Gott von Gott, und diese drei sind ein Gott, nicht drei Götter. Wenn der Sohn Gott ist und der Heilige Geist Gott ist und jener liebt, in dem der Heilige Geist wohnt, dann ist die Liebe Gott, aber sie ist Gott, weil sie aus Gott ist. Im Brief steht beides: *Die Liebe ist aus Gott* und *die Liebe ist Gott.* Nur vom Vater weiß die Schrift nicht zu sagen, dass er aus Gott ist. Hörst du aber *aus Gott*, ist entweder der Sohn oder der Heilige Geist gemeint. Der Apostel Paulus aber sagt: *Die Liebe Gottes ist ausgegossen in unsere Herzen durch den Heiligen Geist, der uns gegeben worden ist* (Röm 5,5). Von daher verstehen wir, dass der Heilige Geist die Liebe ist. Es ist eben gerade dieser Heilige Geist, den die Bösen nicht empfangen können. Er ist der Quell, über den die Schrift sagt:

Deine Quellen sollen dir allein gehören, nicht Fremden zugleich mit dir (Spr 5,16-17). Alle, die Gott nicht lieben, sind Fremde, Antichristen. Und obwohl sie die Kirchen betreten, können sie nicht zu den Kindern Gottes gerechnet werden, auf sie erstreckt sich der Quell des Lebens nicht. Auch der Böse kann die Taufe empfangen und ebenso die Prophetengabe. Wir wissen, dass König Saul die Prophetengabe hatte; er verfolgte den ehrwürdigen David, der erfüllt vom Heiligen Geist zu weissagen begann (vgl. 1 Sam 19, 22-24). Der Böse kann auch den Leib und das Blut des Herrn empfangen, von den Bösen wird ja gesagt: *Wer unwürdig isst und trinkt, isst und trinkt sich das Gericht* (1 Kor 11,29). Der Böse kann auch den Namen Christi tragen, das heißt, er kann sich Christ nennen; von ihnen wird gesagt: *Sie entweihten den Namen ihres Gottes* (Ez 36,20). Auch der Böse kann also alle Sakramente empfangen haben, aber er kann nicht die Liebe haben und zugleich böse sein. Die Liebe ist also die eigentliche Gabe, der einzigartige Quell. Aus ihm zu trinken mahnt euch Gottes Geist, ihn zu trinken mahnt euch Gottes Geist. [VII, 6]

Hingabe: Christus – Judas

Darin ist die Liebe Gottes unter uns erschienen. Seht, damit wir Gott lieben, folgt eine Ermahnung. Könnten wir ihn lieben, wenn er uns nicht zuerst liebte? Waren wir auch träge in der Liebe, so wollen wir in der Gegenliebe nicht träge sein. Er hat uns zuerst geliebt und wir lieben ihn so nicht. Er hat die Feinde geliebt, aber Feindschaft weggenommen; er hat die Feinde geliebt, aber keine Ansammlung zur Feindschaft begonnen. Er hat die Kranken geliebt, aber er ist zu ihrer Heilung gekommen. *Gott ist* also *Liebe. Darin ist die Liebe Gottes unter uns erschienen, dass Gott seinen einzigen Sohn in die Welt gesandt hat, damit wir durch ihn leben* (1 Joh 4,9). Wie es der Herr selbst sagt: *Größere Liebe hat niemand als wer sein Leben hingibt für seine Freunde* (Joh 15,13); und darin hat sich die Liebe Christi für uns erwiesen, dass er für uns gestorben ist. Und worin hat sich die Liebe des Vaters für uns erwiesen? Darin, dass er seinen einzigen Sohn gesandt hat, um für uns zu sterben. Das bestätigt auch der Apostel Paulus: *Er, der seinen eigenen Sohn nicht verschont, sondern ihn für uns alle dahingegeben hat, wie sollte er uns mit ihm nicht auch alles schenken?* (Röm 8,32). Seht, der Vater hat Christus hingegeben, Judas hat ihn ausgeliefert[2]: Scheint da nicht fast dieselbe Tat vorzuliegen? Judas ist ein Verräter, ist denn Gott Vater auch ein Verräter? Auf keinen Fall, antwortest du! Nicht ich, sondern der Apostel sagt: *Er, der seinen eigenen Sohn nicht verschont, sondern ihn für uns alle dahingegeben hat.* Der Vater hat ihn hingegeben und er selbst hat sich hingegeben. Denn wieder sagt der Apostel Paulus: Christus, *der mich geliebt und sich für mich dahingegeben hat* (Gal 2,20). Wenn der Vater den Sohn hingegeben hat und der Sohn sich selbst hingegeben hat, was hat Judas getan? Ein Dahingeben stammt vom Vater, eines vom Sohn, eines von Judas, je eine Sache ist geschehen. Aber was unterscheidet den Vater, der den Sohn hingibt, den Sohn, der sich selbst hingibt, und den Jünger Judas, der seinen Meister ausliefert? Der Vater und der Sohn taten es aus Liebe, Judas aber hat als Verräter ausgeliefert. Ihr

[2] ‹Hingeben› und ‹ausliefern› werden durch dasselbe lateinische Wort wiedergegeben: tradere.

seht, nicht was ein Mensch tut, ist zu erwägen, sondern mit welchem Geist und mit welchem Willen er handelt. Bei derselben Tat finden wir Gott den Vater und Judas: den Vater preisen wir, Judas verwünschen wir. Warum preisen wir den Vater und verwünschen Judas? Wir preisen die Liebe, wir hassen das Unrecht. Denn wieviel ist dem Menschengeschlecht durch die Hingabe Christi gewährt worden! Dachte Judas etwa daran, als er den Herrn auslieferte? Gott dachte an unser Heil, durch das wir erlöst sind; Judas dachte an den Preis, für den er den Herrn verkaufte. Der Sohn dachte an den Preis, den er für uns gab; Judas dachte an den Preis, den er für den Verkauf erhielt. Verschieden sind also Absicht und Tat. Auch wenn es eine Sache ist, messen wir den Sohn und Judas an den verschiedenen Absichten, und finden den einen liebenswert, den anderen verdammenswert, einer ist zu verherrlichen, der andere zu hassen. So viel vermag die Liebe. Ihr seht: Sie allein unterscheidet, sie allein unterscheidet die Taten der Menschen. [VII, 7]

Liebe und tu, was du willst

Das haben wir hinsichtlich ähnlicher Taten gesagt. Bei den verschiedenen Taten kann ein Mensch in der Liebe hart und ein anderer in der Bosheit anmutig sein. Ein Vater schlägt den Sohn, ein Sklavenhändler schmeichelt ihm. Stellst du beides gegenüber: die Wunden und die Schmeicheleien, wer zieht da nicht die Schmeicheleien vor und vermeidet Wunden? Achtest du aber auf die Personen, so schlägt die Liebe, während die Bosheit schmeichelt. Vernehmt unsere Erkenntnis: Die Taten der Menschen unterscheiden sich nur von der Wurzel der Liebe her. Denn viel kann geschehen, was äußerlich gut aussieht, aber nicht in der Liebe wurzelt. Auch die Dornen haben Blüten, manches scheint hart, unfreundlich, aber es geschieht zur Disziplin unter dem Diktat der Liebe. Ein für alle Mal erhältst du ein kurzes Gebot: Liebe und tu, was du willst[3]: Schweigst du, so schweige aus Liebe, sprichst du, so aus Liebe, weisest du zurecht, so aus Liebe, verschonst du, so aus Liebe. Die Wurzel der Liebe sei in dir, und aus dieser Wurzel kann nur Gutes kommen. [VII, 8]

Gott hat dich zuerst geliebt

Darin ist die Liebe Gottes unter uns erschienen, dass Gott seinen einzigen Sohn in die Welt gesandt hat, damit wir durch ihn leben. Darin besteht die Liebe: Nicht dass wir Gott geliebt hätten, sondern dass er uns geliebt (1 Joh 4, 9-10). Nicht wir haben ihn zuerst geliebt, er hat uns geliebt, damit wir ihn lieben. *Er hat seinen Sohn als Sühne für unsere Sünden gesandt* (1 Joh 4,10). Zur Sühne, als sich Opfernder. Er hat sich für unsere Sünden geopfert. Wo war die Opfergabe? Wo fand er das reine Opferlamm, das sich opfern wollte? Es gab kei-

[3] Dieser Satz kann leicht in dem Sinn missverstanden werden, als sei die Liebe lasch und frei von aller Gesetzmäßigkeit. Dagegen beteuert Augustinus, dass das Gesetz im doppelten Gebot der Liebe zusammengefasst ist, nicht weil die Liebe davon dispensiert, die anderen Gebote zu erfüllen, sondern weil sie die Erfüllung des Gesetzes ist. Alland Fitzgerald, Commentaire de la Première Lettre de Saint Jean, in: *Saint Augustin,* a.a.O., 285, stellt das Wort in Zusammenhang mit der Kontroverse mit den Donatisten: Die Liebe ist die Basis allen christlichen Lebens. Vgl. weiterhin Paul Agaësse, *Commentaire,* a.a.O., 328f. Für Hans Urs von Balthasar, *Das Antlitz der Kirche*, 21, nimmt das «tu, was du willst» nicht nur Maß am «liebe», sondern «ist in diesem schon auf- und untergegangen».

nes und so opferte er sich selbst. *Ihr Lieben, wenn Gott uns so geliebt hat, sind auch wir verpflichtet, einander zu lieben* (1 Joh 4,11). *Petrus*, fragte der Herr, *liebst du mich?* Und jener antwortete: *Ich liebe dich. Weide meine Schafe* (Joh 21,15-17). [VII, 9]

WELCHE GESTALT HAT DIE LIEBE?
Niemand hat Gott je geschaut (1 Joh 4,12). Gott ist unsichtbar; nicht mit dem Auge, sondern mit dem Herzen muss er gesucht werden. Aber wie wir, wenn wir die Sonne sehen wollen, das leibliche Auge reinigen, damit wir das Licht schauen können, so müssen wir, wollen wir Gott schauen, das Auge reinigen, mit dem er geschaut wird. Wo ist dieses Auge? Vernimm die Worte des Evangeliums: *Selig sind, die reinen Herzens sind, denn sie werden Gott schauen* (Mt 5,8). Aber niemand denke sich Gott angesichts seiner Augenlust. Dann macht er sich nämlich entweder eine gewaltige Gestalt oder er spannt eine unberechenbare Größe durch die Räume zusammen wie das Licht, das er mit seinen Augen sieht, über die Felder flutet, soweit es kann. Oder er stellt sich einen Greis von ehrwürdiger Gestalt vor. Denke nichts von all dem, wenn du Gott schauen willst. *Gott ist Liebe.* Welches Aussehen hat die Liebe? Welche Gestalt hat sie? Welche Statur? Welche Füße, welche Hände? Niemand kann es sagen. Dennoch hat sie Füße, denn sie bringen dich zur Kirche. Sie hat Hände, die sich zu den Bedürftigen ausstrecken. Sie hat Augen, denn mit ihnen erkennt sie die Notleidenden, wie es im Psalm heißt: *Selig, der sich des Armen annimmt* (Ps 40,2). Sie hat Ohren, über die der Herr sagt: *Wer Ohren hat zu hören, der höre* (Lk 8,8). Es sind keine räumlich getrenn-

ten Glieder, sondern wer die Liebe hat, sieht alles zugleich. Wohne in ihr, und sie wird dich bewohnen, bleibe, und sie wird in dir bleiben. Ist es möglich, Brüder, dass man liebt, was man nicht sieht? Warum aber richtet ihr euch beim Lob der Liebe auf, applaudiert und lobt sie? Was habe ich euch erklärt? Irgendwelche Farben vorgestellt? Gold und Silber ausgebreitet? Edelsteine aus Schatzkammern geholt? Was habe ich eure Augen sehen lassen? Hat sich mein Gesicht beim Sprechen verändert? Ich bin aus Fleisch, in eben der Gestalt gekommen, und auch ihr seid in eben der Gestalt, in der ihr gekommen seid: Die Liebe wird gelobt, und ihr applaudiert. Sicher seht ihr nichts. Aber wie euch das Lob der Liebe gefällt, so gefalle euch auch, sie im Herzen zu bewahren. Hört hin, Brüder, was ich sage; ich ermutige euch, soweit der Herr es gewährt, zu einem großen Schatz. Wenn man euch ein kleines vergoldetes Gefäß mit kunstvoll gearbeiteten Ziselierungen zeigen würde, das eure Augen verlockt und das Verlangen eures Herzens wachruft, und wenn die Hand des Künstlers euch gefiele, das Gewicht des Silbers und der Glanz des Metalls, würde da nicht jeder von euch sagen: O hätte ich doch nur dieses Gefäß! Grundlos würdet ihr das sagen, denn es zu besitzen läge nicht in eurer Macht. Oder wollte einer es haben, würde er daran denken, es aus dem Haus eines anderen zu stehlen. Ihr lobt die Liebe, wenn sie euch gefällt, haltet und besitzt sie. Es ist nicht nötig, sie jemandem wegzunehmen oder zu überlegen, sie zu kaufen: sie ist umsonst. Haltet sie fest, umgreift sie, nichts ist köstlicher. Ist sie so, wenn sie genannt wird, wie dann erst in ihrem Besitz. [VII, 10]

Zucht und Liebe

Vielleicht, Brüder, wollt ihr jetzt die Liebe bewahren, haltet sie vor allem nicht für wertlos und träge: als ob sie mit einer gewissen Gutmütigkeit, nein nicht mit Gutmütigkeit, sondern mit Nachlässigkeit und Achtlosigkeit bewahrt werden könnte. So wird sie nicht bewahrt. Glaube nicht, du liebst deinen Sklaven, wenn du ihn nicht schlägst, oder deinen Sohn, wenn du ihm keine Zucht angedeihen lässt, oder deinen Nachbarn, wenn du ihn nicht zurechtweist. Das ist keine Liebe, sondern Trägheit. Die Liebe soll glühen, um zu verbessern, zu berichtigen: Wenn aber gute Bräuche herrschen, soll sie Freude bereiten, sind die Bräuche schlecht, sollen sie Besserung erfahren und wieder gut gemacht werden. Liebe am Menschen nicht seinen Fehler, sondern liebe den Menschen. Der Mensch ist Gottes Werk, ein Fehler das Werk des Menschen. Liebe das Werk Gottes, nicht das Werk des Menschen. Wenn du das eine liebst, wirst du das andere beseitigen, wenn du das eine achtest, wirst du das andere bessern. Auch wenn du dich einmal hart zeigst, dann aus Liebe zur Besserung.

Deshalb wird die Liebe durch die Taube dargestellt, die auf den Herrn herabkam (vgl. Mt 3,16). In der Gestalt der Taube kam der Heilige Geist, durch den die Liebe in uns eingegossen wurde. Warum das? Die Taube hat keine Galle, dennoch kämpft sie mit Schnabel und Flügeln um ihr Nest; sie schlägt ohne Bitterkeit. So macht es auch ein Vater: Wenn er seinen Sohn züchtigt, dann um der Disziplin willen. Ich sagte schon[4]: Um zu verkaufen, schmeichelt ein Be-

[4] Vgl. VII, 8.

trüger verbittert; um zu bessern, züchtigt ein Vater ohne Galle. So sollt ihr zu allen sein.

Brüder, seht diese wichtige Anleitung, diese bedeutsame Regel: Ein jeder hat Kinder oder er möchte welche; oder wenn einer ganz entschlossen ist, keine leiblichen Kinder zu haben, so wünscht er sie sich doch geistlich: Wer wird seinen Sohn nicht zurechtweisen? Welcher Vater lässt ihm nicht Zucht angedeihen (vgl. Hebr 12,7)? Und doch scheint er hart zu sein. Die Liebe ist hart, die Caritas ist hart. Hart, aber in gewisser Weise ohne Galle, wie die Taube, nicht wie der Rabe.

Da kommt mir in den Sinn, Brüder, euch zu sagen, dass jene, welche die Liebe verletzten, eine Spaltung verursacht haben: Wie sie die Liebe als solche hassen, so hassen sie auch die Taube. Aber die Taube überführt sie, sie kommt vom Himmel, die Himmel öffnen sich, und sie bleibt über dem Haupt des Herrn. Warum das? Damit er höre: *Der ist's, der tauft* (vgl. Joh 1,33).[5] Verschwindet, ihr Räuber, verschwindet, ihr Besitzergreifer Christi! An eure Besitztümer, in denen ihr der Herr sein wollt, habt ihr gewagt, die Aufschriften[6] des Herrn zu heften. Er kennt seine Aufschriften, auf seinen Besitz erhebt er Anspruch: Er vernichtet die Aufschriften nicht, sondern tritt ein und nimmt in Besitz. So geht die Taufe dessen nicht verloren, der zur katholischen Kirche kommt, damit die Aufschrift des Kaisers nicht vernichtet werde.

[5] Christus tauft, so dass die Taufe nicht, wie die Donatisten meinen, von der Heiligkeit ihres Spenders abhängig ist.

[6] Die römischen Kaiser brachten Aufschriften an, wenn sie etwas zu ihrem Staatseigentum erklärten. So ist auch jeder Getaufte Eigentum Christi und gehört der Kirche an.

Aber was geschieht in der katholischen Kirche? Die Aufschrift wird anerkannt, der Besitzer tritt ein unter seinen Titeln, wohin der Räuber unter fremden Titeln eingetreten war. [VII, 11]

ACHTE PREDIGT zu 1 Joh 4,12-16

Niemand hat Gott je geschaut
Die Liebe bleibe immer im demütigen Herzen. Sie strebe danach, dass aus dem Elenden ein Glücklicher, aus dem Feind ein Bruder, aus dem Ungelehrten ein Gebildeter werde. Unterwirf dich dem, der über dir steht und dich aus Liebe geheilt hat.

Lobet Gott allezeit
Liebe ist ein liebliches Wort, aber noch lieblicher ist ihre Umsetzung.[1] Wir können nicht immer von ihr sprechen. Denn wir tun viel und verschiedene Tätigkeiten lenken uns ab, so dass es unserer Zunge nicht immer freisteht, über die Liebe zu sprechen. Wenn man auch von ihr nicht immer sprechen kann, so kann man sie doch immer bewahren. So wie das Halleluja, das wir jetzt singen, nicht immer gesungen wird.[2] Kaum eine Stunde lang, sondern nur kurze Zeitabschnitte singen wir Halleluja, und dann widmen wir uns anderem. Halleluja bedeutet, wie ihr wisst, lobt Gott. Wer Gott mit der Zunge lobt, kann es nicht allezeit, wer Gott mit seinem Leben lobt, der kann es allezeit. Die Werke der Barmherzigkeit, die Empfindsamkeit der Liebe, die Heiligkeit der Ehrfurcht, die Unversehrtheit der Keuschheit, das Maß der Nüchternheit, die müssen wir immer bewahren,

[1] Paul Agaësse, *Commentaire,* a.a.O., 338, legt diese Predigt in die Osterzeit nach der Lesung einer Perikope des Kapitels 6 aus dem Matthäusevangelium.

[2] Es wurde schon zur Zeit des Augustinus in der lateinischen Kirche am Ostersonntag und während der 50 Tage zwischen Ostern und Pfingsten bis zum Pfingstsonntag gesungen. Vgl. weiter bei: Augustin, *Ten homilies,* a.a.O., 506.

ob wir in der Öffentlichkeit oder im Haus sind, ob vor den Menschen oder in unserem Schlafgemach, ob wir reden oder schweigen, etwas tun oder nichts tun; immer müssen wir sie bewahren, denn alle diese Tugenden, die ich genannt habe, sind in unserem Inneren. Wer ist in der Lage, sie alle zu nennen? Sie sind wie das Heer eines Herrschers, der in deinem Geist befiehlt. Wie der Herrscher dank seines Heeres so agiert wie er will, so verwendet der Herr Jesus Christus, wenn er in unserem Inneren – das heißt im Geist durch den Glauben (vgl. Eph 3,17) – Wohnung genommen hat, diese Tugenden als seine Diener. Und diese Tugenden, die mit den Augen nicht gesehen werden können, werden dennoch durch ihre Nennung gelobt: Aber sie würden nicht gelobt, wenn man sie nicht liebte, nicht geliebt, wenn man sie nicht sähe, und auch wenn man sie ohne ihre Schau nicht lieben kann, werden sie mit einem anderen Auge, dem inneren Blick des Herzens, geschaut. Diese unsichtbaren Tugenden bewegen sichtbar die Glieder: die Füße zum Gehen, aber wohin? Wohin sie der gute Wille führt, der für den guten Herrscher streitet. Die Hände zum Wirken, aber was? Was die Liebe befiehlt, die vom Heiligen Geist ins Innere eingehaucht wurde. Die Glieder sieht man also, wenn sie sich bewegen; wer im Inneren befiehlt, ist nicht zu sehen. Und wer im Inneren befiehlt, das weiß nur der allein, der befiehlt, und jener, dem im Inneren befohlen wird. [VIII, 1]

Nicht dir gebührt Lob

Soeben habt ihr gehört, Brüder, wenn ihr nicht nur mit dem leiblichen Ohr, sondern auch mit dem Herzen gehört habt, dass im Evangelium verlesen wurde: *Habt Acht, dass ihr eure Gerechtigkeit nicht übt vor den Leuten, um von ihnen gesehen zu werden* (Mt 6,1). Wollte der Evangelist damit etwa sagen, dass, was immer wir Gutes tun, wir es vor den Augen der Menschen verbergen sollen aus Furcht, gesehen zu werden? Fürchtest du Zuschauer, wirst du keine Nachahmer haben: Du musst also gesehen werden. Darin darf zwar nicht das Ziel deiner Freude, das Ende deiner Seligkeit liegen, so dass du meinst, die ganze Fruchtbarkeit deines guten Werkes erreicht zu haben, wenn du gesehen und gelobt wirst. Das hat keinen Wert. Halte dich für gering, damit du gelobt wirst: Es wird jener in dir gelobt, der durch dich wirkt. Was du an Gutem tust, geschieht also nicht zu deinem Lob, sondern zum Lob dessen, dem du dein gutes Tun verdankst. Dir verdankst du das Böse, Gott das Gute. Seht dagegen, wie die perversen Menschen verkehrt sind. Was sie an Gutem tun, wollen sie sich selbst zuschreiben. Wenn sie etwas schlecht machen, wollen sie dafür Gott anklagen. Kehr dieses Verdrehte und ich weiß nicht wie Verkehrte um, indem du es sozusagen mit dem Kopf nach unten stellst: Was oben ist, kehre nach unten, und was unten ist, nach oben. Du wolltest Gott nach unten setzen und dich nach oben? Du wirst hinabstürzen, nicht erhaben werden, denn jener ist immer oben. Was nun also? Du handelst gut und Gott schlecht? Willst du wahrheitsgemäß reden, so sage lieber: Ich handle schlecht, er handelt gut, und was ich an Gutem tue, stammt von ihm, denn aus mir heraus tue ich Schlechtes. Dieses Bekenntnis stärkt das Herz und legt das Fundament für die Liebe. Denn wenn wir unsere guten Werke verbergen müssen, damit sie nicht von den Menschen gesehen werden, wie verwirklicht sich dann das Wort, das der Herr während der Bergpredigt sprach: Erst hatte er gesagt: *Eure guten Werke sollen vor den Menschen leuchten*, aber damit war er nicht am Ende, sondern fügte hinzu: *damit sie euren Vater, der in den Himmeln ist, preisen* (Mt 5,16). Und was sagt der Apostel*: Ich war aber den christlichen Gemeinden in Judäa persönlich nicht bekannt. Sie hatten nur gehört: Der uns einst verfolgte, verkündigt jetzt den Glauben, den er einst ausrotten wollte. Und sie priesen Gott um meinetwillen* (Gal 1,22-24). Ihr seht, wie auch Paulus, der so bekannt wurde, nicht auf sein, sondern auf das Lob Gottes setzte. Was seine Person betrifft, bekennt er sich als Verwüster der Kirche, als ihr neidischer, böser Verfolger – wir tadeln ihn nicht. Paulus mag es, wenn wir seine Sünden nennen, damit jener verherrlicht werde, der diese Krankheit geheilt hat. Die Hand des Arztes beschnitt die tiefe Wunde und heilte sie. Jene Stimme vom Himmel warf den Verfolger nieder und erhob den Verkünder des Glaubens; sie tötete Saulus und erweckte Paulus (vgl. Apg 9). Saulus war ja der Verfolger eines heiligen Mannes (1 Sam 19,1-2ff.); daher hatte er diesen Namen, als er die Christen verfolgte. Dann wurde aus Saulus Paulus (vgl. Apg 13,9). Was bedeutet der Name Paulus? Gering. Als Saulus war er hochmütig, als Paulus demütig, gering. Deshalb sagen wir auch: Ich sehe dich um ein Geringes später, das heißt wenig später. Vernimm, dass er gering geworden ist. *Ich bin der geringste der Apostel* (1 Kor 15,9), und: *Mir dem geringsten unter allen Heiligen* (Eph 3,8), heißt es an anderer Stelle. Unter den Aposteln war er gleichsam der Saum des

Gewandes, aber die Kirche der Heiden, die wie die Frau unter Blutfluss litt, berührte ihn, und sie wurde geheilt (vgl. Mt 9,20-22). [VIII, 2]

Die Bruderliebe soll bleiben

Brüder, das wollte ich euch also sagen, das sagte ich, selbst wenn ich könnte, würde ich nicht schweigen: Vollbringt bald diese, bald jene Werke, in Anbetracht der Zeit, der Stunden, der Tage. Kann man etwa immer sprechen? immer schweigen? immer essen? immer fasten? immer das Brot den Bedürftigen geben? immer den Nackten bekleiden? immer die Kranken besuchen? immer die Streitenden versöhnen? immer die Toten begraben? Einmal tut man dieses, einmal jenes. Diese Akte werden begonnen und beendet. Aber jener Herrscher darf weder beginnen noch enden. Die Liebe im Herzen darf nicht aufhören; die Werke der Liebe sollen in Anbetracht der Zeit erfüllt werden. Wie es geschrieben steht: *Die Bruderliebe bleibe* (Hebr 13,1). [VIII, 3]

Feindesliebe – Bruderliebe

Vielleicht bewegt einige von euch, dass der von uns behandelte Brief des heiligen Johannes nur die Bruderliebe empfiehlt. *Wer seinen Bruder liebt* (1 Joh 2,10), sagt er und: *Ein Gebot ist uns gegeben, dass wir einander lieben* (1 Joh 3,23). Sehr oft nennt er die Bruderliebe, aber die Liebe zu Gott, wie wir Gott lieben sollen, wird nicht oft thematisiert, auch wenn er sie nicht vollkommen verschweigt. Über die Feindesliebe verliert allerdings der ganze Brief fast kein Wort. Während er über die Liebe nachdrücklich predigt und sie empfiehlt, sagt er uns nicht, dass wir die

Feinde lieben sollen, sondern er spricht nur von der Bruderliebe. Gerade aber haben wir bei der Lesung des Evangeliums vernommen: *Denn wenn ihr die liebt, die euch lieben, welchen Lohn habt ihr dafür? Tun das nicht auch die Zöllner?* (Mt 5,46). Warum empfiehlt uns der Apostel die vollkommene Bruderliebe zu unserer Vollendung, während der Herr sagt, dass es nicht genügt, den Bruder zu lieben, sondern wir unsere Liebe ausweiten müssen, so dass sie bis zu seinen Feinden gelangt? Wer bis zu den Feinden gelangt, übergeht seine Brüder nicht. Wie das Feuer, das zuerst das Nächstliegende verzehrt und sich dann auf Entfernteres ausweitet. Dein Bruder ist dir näher als irgendein anderer Mensch. Der dir Unbekannte, der dir aber nicht feindlich gesinnt ist, ist dir wiederum näher als der Feind, der gegen dich agiert. Dehne deine Liebe auf deine Nächsten aus, aber nenne das keine Ausweitung deiner Liebe. Liebst du die, welche dir nahe sind, dann liebst du nämlich dich selbst. Erweitere deine Liebe auf die dir Unbekannten, die dir nichts Böses getan haben. Aber gehe noch darüber hinaus, gelange dahin, den Feind zu lieben. Das befiehlt Gott mit Sicherheit, warum sonst hat der Evangelist über die Feindesliebe geschwiegen? [VIII, 4]

Liebe ohne Not(wendigkeit)

Jede Liebe, auch die fleischliche, die gewöhnlich nicht Liebe, sondern Zuneigung[3] genannt wird – den

[3] Im ersten Fall steht im Lateinischen ‹dilectio› für die geistige Liebe, Wertschätzung, während ‹armor› ein sinnliches Verlangen ausdrückt.

Begriff Liebe gebraucht man gewöhnlich eher für bessere Dinge –, dennoch, geliebte Brüder, jede Liebe setzt ein gewisses Wohlwollen gegenüber den Geliebten voraus. Tatsächlich dürfen oder können wir die Menschen nicht so lieben oder Zuneigung zu ihnen empfinden – auch der Herr hat dieses Wort verwendet, als er fragte: *Petrus, liebst du mich?* (Joh 21,17) –, wie wir die Feinschmecker sagen hören: Ich liebe Drosseln. Du fragst warum? Um sie zu töten und zu verspeisen. Von Liebe spricht einer, der Drosseln liebt, damit sie nicht mehr da sind und verloren sind. Was immer wir an Speise lieben, wir lieben sie, um sie zu verbrauchen und um uns an ihr zu stärken. Dürfen etwa Menschen gleichsam zum Verbrauch geliebt werden? Dem Liebenden reicht eine wohlwollende Freundschaft, die uns bisweilen denen etwas geben lässt, die wir lieben. Was aber, wenn nichts zu geben ist? Dann genügt dem Liebenden das Wohlwollen. Sicher dürfen wir nicht wünschen, dass es Notleidende gibt, um die Werke der Barmherzigkeit ausüben zu können. Gib dem Hungernden dein Brot; besser wäre, niemand hungert und du bräuchtest niemanden zu beschenken. Du bekleidest den Nackten; besäßen alle Kleidung, bestünde diese Notwendigkeit nicht. Du bestattest einen Toten, möge das Leben anbrechen, in dem niemand mehr stirbt. Du vereinst die Streitenden; herrschte doch jener Friede Jerusalems, der keine Zwietracht kennt. Alle diese Dienste sind nicht notwendig. Beseitige die Elenden, die Werke der Barmherzigkeit werden aufhören. Aber wenn sie aufhören, erlischt dann etwa das Feuer der Liebe? Du liebst einen glücklichen Menschen echter, dem du nichts geben kannst; deine Liebe wird reiner, aufrichtiger sein. Denn wenn du einen Armen beschenkst, willst du dich etwa ihm gegenüber erheben und dir den unterwerfen, der Urheber deiner Wohltat ist? Er war in Not, du hast ihm geholfen und wirst als größer angesehen, weil du ihn beschenkt hast. Wünsche ihn dir ebenbürtig, so dass ihr beide unter dem einen Herrn steht, dem man nichts geben kann.[4] [VIII, 5]

Hochmut: der Anfang aller Sünde

Eine stolze Seele hat ihr Maß überschritten und ist in gewisser Weise habsüchtig geworden, denn *die Wurzel aller bösen Dinge ist die Habsucht* (1 Tim 6,10). Und ebenso steht geschrieben: *Der Anfang aller Sünde ist der Hochmut* (Sir 10,13). Bisweilen fragen wir uns, wie sich diese beiden Sätze in Übereinstimmung bringen lassen. Wenn der Hochmut der Anfang aller Sünde ist, ist er auch die Wurzel aller Übel. Sicher ist die Habsucht die Wurzel aller Übel; auch im Stolz liegt Habsucht, denn der Mensch hat sein Maß überschritten. Was ist das, habsüchtig sein? Über das hinausgehen, was genügt. Adam ist durch Hochmut gefallen. *Der Anfang aller Sünde ist der Hochmut.* Wer ist habsüchtiger als der, dem Gott nicht genügt? Daher, Brüder, lesen wir, dass der Mensch nach dem Bild und Gleichnis Gottes geschaffen ist. Und was hat Gott über ihn gesagt? *Er soll Macht haben über die Fische im Meer und die Vögel des Himmels und über alles Vieh, das auf der Erde sich regt* (Gen 1,26). Hat er etwa gesagt, er solle über den Menschen Macht haben? Gott gab

[4] «Die Forderungen der Liebe» überschreibt Hans Urs von Balthasar, *Glauben aus der Liebe*, [4]2023, 418f., das entsprechende Kapitel.

ihm Macht über die Natur: *Über die Fische im Meer und die Vögel des Himmels und über alles Vieh, das auf der Erde kriecht.* Warum hat der Mensch Macht über diese Wesen? Weil der Mensch seine Macht dem Umstand verdankt, dass er nach dem Bild Gottes geschaffen ist. Worin ist er nach dem Bild Gottes geschaffen? In der Erkenntnis, im Geist, im inneren Menschen, dadurch dass er die Wahrheit erkennt, Gerechtigkeit und Ungerechtigkeit unterscheidet, um seinen Schöpfer weiß, ihn erkennen und loben kann. Diese Erkenntnis hat, wer über Klugheit verfügt. Da viele das Bild Gottes in sich durch schlechte Begierden verwischen und die Flamme der Erkenntnis durch verkehrte Lebensführung auslöschen, ruft ihnen die Heilige Schrift zu: *Sei nicht wie das Ross und das Maultier, die keinen Verstand haben* (Ps 31,9). Das heißt, ich habe dich über Ross und Maultier gesetzt, ich habe dich nach meinem Bild geschaffen, dir über die Tiere Macht gegeben. Warum das? Weil sie keinen mit Vernunft begabten Verstand haben; du aber erkennst mit deinem mit Vernunft begabten Verstand die Wahrheit und begreifst, was über dir ist. Unterwirf dich dem, der über dir ist, und die Wesen über euch werden euch unterworfen sein. Weil aber der Mensch durch die Sünde sich von dem abwandte, der über ihm stehen sollte, wurde er denen unterworfen, über denen er hätte stehen sollen. [VIII, 6]

Die von Gott gewollte Ordnung

Habt Acht, worüber ich spreche: Gott, Mensch, Tiere. Als die Gnade des Wortes steht Gott über dir, unter dir sind die Tiere. Erkenne den, der über dir ist, damit die dich erkennen, die unter dir sind. Weil

Daniel Gott über sich erkannte, haben die Löwen ihn über sich erkannt (vgl. Dan 6,22). Erkennst du aber den über dir nicht und verachtest du den Höheren, bist du dem Niedrigen unterlegen. Wie wurde der Hochmut der Ägypter gebändigt? Mit Fröschen und Fliegen (vgl. Ex 8). Gott hätte auch Löwen schicken können, aber mit einem Löwen wird ein großer Mann nicht erschreckt. Je hochmütiger die Ägypter waren, desto verächtlicher und gemeiner waren die Dinge, die ihren bösen Nacken brachen. Die Löwen aber erkannten Daniel, weil er sich Gott unterwarf. Doch habt Acht: Die Märtyrer, die mit den wilden Tieren kämpften und von ihren Zähnen zerrissen wurden, hatten sie sich nicht Gott unterworfen? Oder waren nur die drei Männer im Feuerofen Diener Gottes und nicht die Makkabäer? Das Feuer erkannte die drei Männer als Diener Gottes; es hat sie nicht verbrannt, ihre Kleider nicht versengt (vgl. Dan 3,50). Und die Makkabäer hat es nicht erkannt? Es hat die Makkabäer erkannt, auch als Brüder erkannt (vgl. 2 Makk 7). Aber es bedurfte einer Geißel, die der Herr erlaubte, der in der Schrift gesagt hat: *Er züchtigt jeden, den er als Sohn annimmt* (Hebr 12,6).

Glaubt ihr etwa, Brüder, die Lanze hätte den Herrn durchbohrt, wenn er es nicht selbst zugelassen hätte, oder er hätte am Kreuz gehangen, wenn er es nicht selbst gewollt hätte? Hat seine Schöpfung ihn nicht erkannt? Oder hat er seinen Gläubigen ein Beispiel der Geduld gegeben? Einige hat Gott sichtbar befreit, andere nicht sichtbar: Dennoch hat er alle geistlich befreit, niemanden hat er geistlich im Stich gelassen. Wohl sah es so aus, als habe er einige im Stich gelassen, andere befreit. Er hat sie befreit, damit du nicht glaubst, er könne das nicht. Er bewies, dass er es konnte, damit du, wenn er nicht befreit, seinen verborgenen Willen erkennst und nicht ein Hindernis vermutest. Aber was bedeutet das, Brüder? Wenn wir allen tödlichen Schlingen entkommen sind und die Zeit der Versuchungen hinter uns liegt, wenn der Fluss unserer irdischen Zeit sein Ziel erreicht hat und wir das erste Gewand der Unsterblichkeit empfangen, das wir durch die Sünde verloren haben, wenn das Vergängliche mit Unvergänglichkeit bekleidet wird, das heißt, unser Fleisch Unverweslichkeit und unser Sterbliches Unsterblichkeit anlegt (vgl. 1 Kor 15,53-54), wo keine Versuchung, keine Geißelung mehr nötig sind: Da wird alle Kreatur die schon vollendeten Söhne Gottes erkennen: Alles wird uns unterworfen sein, wenn wir hier Gott unterworfen sind. [VIII, 7]

Gleichheit unter den Menschen

Ein Christ soll sich also nicht hochmütig über einen anderen Menschen erheben. Gott gab es dir, über den Tieren zu stehen, besser zu sein als die Tiere. Das entspricht deiner Natur, du wirst immer besser sein als die Tiere. Willst du aber besser als ein anderer Mensch sein, bist du neidisch auf ihn, wenn du ihn dir ebenbürtig siehst? Du sollst wollen, dass alle Menschen dir gleich sind; bist du jemandem an Klugheit überlegen, so wünsche dir, dass er auch dir gleich sei. Solange er langsam begreift, lernt er von dir, solange er ungelehrt ist, braucht er dich und sieht in dir den Lehrer, während er lernt. Du stehst über ihm, weil du sein Lehrer bist, er ist als Schüler unter dir. Wenn du ihn dir nicht ebenbürtig wünschst, dann willst du, dass er immer Schüler bleibt. Wenn du ihn immer als Schüler haben willst, wirst du ein missgünstiger Lehrer. Ist dem so, wie kannst du dich überhaupt Lehrer nennen? Ich bitte dich, lehre deinen Schüler nicht deine eigene Missgunst, vernimm, was der Apostel voll Liebe sagt: *Ich wünschte freilich, dass alle Menschen wären wie ich* (1 Kor 7,7). Auf welche Weise wollte er, dass alle ihm ebenbürtig wären? Er war darum allen überlegen, weil er aus Liebe alle einander ebenbürtig wollte. So hat also der Mensch sein Maß überstiegen, er wollte ganz missgünstig sein, indem sich der über die anderen Menschen stellte, der über den Tieren geschaffen wurde: Das ist Hochmut. [VIII, 8]

Sieh, aus welchem Geist du handelst

Nun schaut, wie viele Werke der Hochmut vollbringt. Erwägt in euren Herzen, wie ähnlich und fast gleich diese Werke den Werken der Liebe sind. Die Liebe gibt dem Hungernden zu essen, auch der Hochmut tut das. Die Liebe tut es zum Lob Gottes, der Hochmut zum Eigenlob. Die Liebe kleidet den Nackten, auch der Hochmut macht das. Die Liebe fastet, so auch der Hochmut. Die Liebe begräbt die Toten, das tut auch der Hochmut. Alle guten Werke, die die Liebe vollbringen will und auch vollbringt, versetzt der Hochmut ins Gegenteil und treibt sie fast, als seien sie seine Pferde. Aber die Liebe ist im Herzen und nimmt dem Hochmut, der es übel treibt, oder sich übel treiben lässt, seinen Platz weg. Wehe dem Menschen, dessen Wagenlenker der Hochmut ist, denn er wird kopfüber fallen. Aber wie kann man wissen, dass unsere guten Taten nicht vom Hochmut geleitet werden? Wer sieht ihn? Wo ist er? Wir sehen die Werke: Die Barmherzigkeit gibt zu essen, sie gewährt Gastfreundschaft und tritt für die Armen ein: all das tut auch der Hochmut. Die Werke machen keine Unterscheidung möglich. Ich wage etwas zu sagen, aber nicht ich, sondern Paulus hat es gesagt: Die Liebe stirbt, das heißt, ein Mensch, der liebt, bekennt den Namen Christi, er geht in den Märtyrertod. Aber auch der Hochmut bekennt und geht in den Märtyrertod, nur jener hat die Liebe, dieser hat die Liebe nicht. Vernimm, was der Apostel Paulus von dem sagt, der nicht liebt: *Wenn ich all meine Habe den Armen gebe und wenn ich meinen Leib gebe, damit er verbrannt werde, habe aber die Liebe nicht, so nützt es mir nichts* (1 Kor 13,3). Die Heilige Schrift ruft uns also zurück von dieser äußerlichen Zur-Schau-Stellung; sie ruft uns zurück von dieser Oberflächlichkeit, die vor den Menschen ausgebreitet wird, zu einer inneren Einkehr. Wende dich deinem Gewissen zu und befrage es. Achte nicht auf das, was draußen blüht, sondern auf die Wurzel in der Erde. Hat die Begierde Wurzel geschlagen? Eine Art guter Werke kann es geben, aber wirklich echte Werke nicht. Hat die Liebe Wurzel geschlagen? Sei sicher, daraus kann nichts Schlechtes hervorgehen. Der Hochmütige schmeichelt, der Liebende züchtigt, jener bekleidet, dieser schlägt. Der Hochmütige bekleidet, um den Menschen zu gefallen, der Liebende schlägt, um durch Zucht zu bessern. Man empfängt mehr vom Schlag der Liebe als vom Almosen des Hochmuts. Haltet innere Einkehr, Brüder, schaut in allem was ihr tut, auf Gott als euren Zeugen. Seht zu, aus welchem Geist ihr handelt. Klagt euer Herz euch nicht der Prahlerei an, dann seid unbesorgt. Handelt ihr gut, so fürchtet nicht, dass andere euch sehen. Dagegen fürchte, dass du um des Lobes willen gut handelst. Der andere soll dein Handeln aber sehen, damit Gott gelobt wird. Verbirgst du es vor den Augen der Menschen, verbirgst du es vor der Nachahmung der Menschen, und du entziehst Gott Lob. Zwei Menschen gibst du ein Almosen, zwei hungern, der eine nach Brot, der andere nach Gerechtigkeit. Zwischen diese beiden Hungerleider – steht doch geschrieben: *Selig, die hungern und dürsten nach Gerechtigkeit, denn sie werden gesättigt werden* (Mt 5,6) –, zwischen diese beiden Hungerleider bist du als der gute Arbeiter gestellt. Ist die Liebe das Motiv deines Handelns, erbarmt sie sich beider, will beiden zu Hilfe kommen. Denn der eine verlangt etwas zu essen, der andere etwas zur Nachahmung. Gib dem einen zu essen, dem anderen gib dich selbst: Beiden hast du ein Almosen gegeben: Jenen hast du beglückt durch die Stillung seines Hungers, diesen hast du das vorgestellte Beispiel nachahmen lassen. [VIII, 9]

Liebe den Feind, damit er dein Bruder werde

Erbarmt euch, erweist euch als Barmherzige, denn indem ihr die Feinde liebt, liebt ihr eure Brüder. Meint nicht, Johannes habe kein Gebot zur Feindesliebe gegeben, weil er von der Bruderliebe nicht schwieg. Ihr liebt die Brüder, wie lieben wir die Brüder? Ich frage dagegen, warum du den Feind liebst, warum? Dass er in diesem Leben gesund sei? Aber wenn es ihm nichts nützt? Dass er reich sei? Was aber, wenn der Reichtum ihn verblendet? Dass er eine Frau heirate? Aber wenn er dadurch ein bitteres Leben hat? Dass er Kinder habe? Aber wenn diese zu schlechten

Menschen werden? Unzuverlässig ist also, was du mit diesen Gütern deinem Feind zu wünschen scheinst, weil du ihn liebst: die Güter sind unzuverlässig. Wünsche ihm, dass er mit dir das ewige Leben habe, wünsche ihm, dass er dein Bruder sei. Wenn du deinen Feind liebst und wünschst, dass er dein Bruder sei, dann liebst du ihn als deinen Bruder. Denn du liebst an ihm nicht, was er ist, sondern was er nach deinem Willen sei. Wenn ich mich nicht täusche, habe ich euch, liebe Brüder, schon gesagt: Vor unseren Augen liegt Eichenholz, der gute Künstler sieht das unbearbeitete Holz, das im Wald geschlagen wurde, und er interessiert sich dafür; ich weiß nicht, was er daraus anfertigen will. Denn er hat sich nicht deshalb dafür interessiert, damit es immer unbearbeitet bleibe. Dank seiner Kunst sieht er, was das Holz in der Zukunft sein kann, ihn interessiert nicht, was es jetzt ist. Es interessiert ihn das, was er daraus machen wird, nicht was er jetzt vor sich hat. Auf diese Weise hat auch Gott die Sünder geliebt. Wir sagen, Gott habe die Sünder geliebt, denn er spricht: *Nicht die Gesunden brauchen den Arzt, sondern die Kranken* (Mt 9,12). Hat Gott etwa die Sünder geliebt, damit wir Sünder bleiben? Gleichsam als Holz des Waldes hat uns der Künstler angesehen, und er dachte an das Gebäude, das er daraus herstellen wollte und nicht an den vorhandenen Wald. So siehst auch du deinen feindseligen Gegner, der voll Wut ist, dich mit Worten verletzt, mit Beleidigungen empört, mit Hass verfolgt. Aber du siehst ihn als Menschen. Du siehst, dass alle Feindseligkeit vom Menschen gemacht ist, aber du siehst auch das Geschöpf Gottes. Dass er ein Mensch ist, eine Schöpfung Gottes. Dass er dich hasst,

Neid empfindet, war sein Werk. Und was sagt dir deine Gesinnung? Herr, sei ihm gnädig, vergib ihm seine Sünden, flöße ihm Schrecken ein, verwandle ihn. Du liebst an ihm nicht, was er ist, sondern was er nach deinem Willen sei. Wenn du also deinen Feind liebst, liebst du ihn als Bruder. Darum ist die vollkommene Liebe die Feindesliebe, und diese vollkommene Liebe schließt die Bruderliebe ein. Niemand behaupte, der Apostel Johannes habe uns weniger zu lieben ermahnt als der Herr. Johannes hat uns ermahnt, die Brüder zu lieben, Christus hat uns ermahnt, auch die Feinde zu lieben (vgl. Mt, 5,44). Beachte, warum Christus dich zur Feindesliebe ermahnt hat. Etwa, damit die Feinde immer Feinde bleiben? Wenn er dich dazu ermahnt hat, hasst du sie und liebst nicht. Vernimm, wie er selbst geliebt hat und nicht wollte, dass sie seine Verfolger blieben; er sagte: *Vater, vergib ihnen, denn sie wissen nicht, was sie tun!* (Lk 23,34). Er wollte, dass die, denen er vergab, sich bekehrten. Er hat sich gewürdigt, die Feinde, deren Bekehrung er wollte, zu Brüdern zu machen, und das hat er wirklich getan. Er wurde getötet, begraben, ist auferstanden und in den Himmel aufgefahren, sandte seinen Jüngern den Heiligen Geist, sie begannen vertrauensvoll seinen Namen zu predigen, wirkten Wunder im Namen des Gekreuzigten und Getöteten. Die den Herrn ermordet hatten, sahen das alles, und die wütend sein Blut vergossen hatten, tranken es nun gläubig[5]. [VIII, 10]

[5] Augustinus sieht in den 3000 Bekehrten am Pfingstfest (vgl. Apg 2,41f.) diejenigen, die zuvor von Pilatus den Tod Jesu gefordert hatten. Sie nehmen jetzt teil an der Eucharistie.

Feindschaft in Gott

Meine Brüder, dies alles habe ich etwas ausführlicher dargelegt, weil ich eurer Liebe eben diese Liebe eindringlicher empfehlen musste, deshalb habe ich es getan. Denn wenn keine Liebe in euch lebt, ist meine Predigt umsonst. Lebt sie aber in euch, haben wir gleichsam Öl ins Feuer gegossen, und wenn sie in jemandem nicht lebendig war, wurde sie vielleicht mit diesen Worten entzündet. In dem einen wuchs, was schon vorhanden war, im anderen begann etwas, was zuvor nicht da war. Wir haben euch das gesagt, damit ihr in der Feindesliebe nicht nachlasst. Wütet ein Mensch gegen dich? Er wütet, du bete; er hasst, du habe Erbarmen. Mit der Glut seiner Seele hasst er dich, er wird gesund werden und dir danken. Wie lieben die Ärzte ihre Kranken? Etwa nur als Kranke? Wenn nur als Kranke, dann wollen sie, dass sie immer krank sind. Sie lieben die Kranken nicht als solche, sondern damit aus ihnen Gesunde werden. Und was alles ertragen sie von den Geisteskranken? Wie viele Beleidigungen? Sehr oft werden sie auch geschlagen. Der Arzt bekämpft das Fieber, dem Menschen vergibt er. Was soll ich sagen, Brüder? Liebt er seinen Feind? Im Gegenteil, er hasst seinen Feind, die Krankheit, sie hasst er, und den Menschen, von dem er geschlagen wird, liebt er; er hasst das Fieber. Denn woran leidet der Kranke? An der Krankheit, an der Schwäche, am Fieber. Der Arzt beseitigt, was den Kranken schädigt, damit das zurückbleibe, wofür er freudigen Dank erhält. Mache du dasselbe: Wenn dein Feind dich hasst, dich ungerecht hasst, wisse, dass die Begierde der Welt in ihm herrscht und er dich deshalb hasst. Wenn du ihn auch hasst, vergiltst du Böses mit Bösem. Was bewirkt die Vergeltung des Bösen mit Bösem? Um einen Kranken habe ich geweint, der dich gehasst hat; jetzt muss ich schon zwei beweinen, wenn du den Hass erwiderst. Aber dieser Mensch verfolgt dein Vermögen, nimmt dir – ich weiß nicht welchen Besitz auf Erden; deshalb hasst du ihn, weil er dich auf Erden in die Enge treibt. Lass die Enge nicht zu, ziehe aus hinauf in den Himmel! Verankere dein Herz dort, wo es Weite gibt, so dass du in der Hoffnung auf das ewige Leben keine Enge erfährst. Schau, was der Feind dir nimmt, und er könnte es nicht, wenn jener es nicht gestatten würde, *der jeden Sohn züchtigt, den er annimmt* (Hebr 12,6). Gerade dein Feind ist in gewisser Weise das eiserne Werkzeug Gottes, durch das du gesund wirst. Wenn Gott weiß, dass es dir dient, dass der Feind dich beraubt, lässt er ihn machen; wenn er weiß, dass Prügel für dich nützlich sind, lässt er den Feind gewähren, damit du gehauen wirst: Durch ihn heilt dich Gott, wünsche, dass auch er geheilt werde. [VIII, 11]

Mit Beginn deiner Liebe nimmt Gott Wohnung

Niemand hat Gott je geschaut. Seht, Geliebte: *Wenn wir aber einander lieben, bleibt Gott in uns, und seine Liebe ist unter uns zur Vollendung gekommen.* Beginne zu lieben, und du wirst vollendet sein. Hast du zu lieben begonnen? Gott hat in dir zu wohnen begonnen, liebe ihn, der in dir Wohnung zu nehmen begonnen hat, damit er dich vollende, indem er vollkommener in dir wohnt. *Daran erkennen wir, dass wir in ihm bleiben und er in uns: Dass er uns von seinem Geist gegeben hat* (1 Joh 4,12-13). Gut, Gott sei Dank. Wir erkennen, dass er in uns wohnt. Und woran erkennen wir, dass wir erkannt haben, dass er in uns wohnt? Weil das Johannes selbst gesagt hat: *Dass er uns von seinem Geist gegeben hat.* Woher wissen wir, *dass er uns von seinem Geist gegeben hat*? Dass er dir von seinem Geist gegeben hat, woran erkennst du das? Befrage dein Inneres. Ist es voll Liebe, so hast du den Geist Gottes. Und woher wissen wir, woran du erkennst, dass der Geist Gottes in dir wohnt? Frage den Apostel Paulus, der sagt: *Die Liebe Gottes ist ausgegossen in unsere Herzen durch den Heiligen Geist* (Eph 5,5). [VIII, 12]

Die Allmacht des Arztes

Und wir haben geschaut und bezeugen, dass der Vater den Sohn gesandt hat als Retter der Welt (1 Joh 4,14). Ihr, die ihr krank seid, seid sicher: So ein Arzt ist gekommen, und ihr seid verzweifelt? Schwer waren die Krankheiten, unheilbar die Wunden, hoffnungslos der Kummer. Du beachtest die Schwere deines Übels, die Allmacht deines Arztes siehst du nicht? Du verzweifelst, er aber ist allmächtig. Seine Zeugen sind die bereits Geheilten, die den Arzt bekannt machen, und sie wurden mehr der Hoffnung nach, als in Wirklichkeit geheilt. Denn das sagt uns der Apostel: *Denn auf Hoffnung sind wir gerettet* (Röm 8,24). Unsere Heilung beginnt also im Glauben, unser Heil ist aber vollendet, wenn die Vergänglichkeit Unvergänglichkeit, die Sterblichkeit Unsterblichkeit angezogen hat (vgl. 1 Kor 15,53.51). Das ist Hoffnung, noch keine Wirklichkeit. Aber wer sich in der Hoffnung freut, wird auch die Wirklichkeit erhalten; wer keine Hoffnung hat, wird nicht zur Wirklichkeit gelangen können. [VIII, 13]

GEREINIGT – ERQUICKT – AUFGERICHTET

Wer bekennt, dass Jesus der Sohn Gottes ist, in dem bleibt Gott und er bleibt in Gott (1 Joh 4,15). Sagen wir mit wenigen Worten: *Jeder, der bekennt,* nicht mit Worten, sondern mit Taten, nicht mit der Zunge, sondern mit dem Leben. Denn viele bekennen mit Worten, leugnen aber mit ihren Taten. *Und wir haben die Liebe, die Gott zu uns hat, erkannt und ihr geglaubt* (1 Joh 4,16). Erneut frage ich, woher du erkannt hast, dass *Gott Liebe ist*? Johannes hatte es schon weiter oben gesagt und wiederholt es hier. Eindrucksvoller konnte dir die Liebe nicht empfohlen werden, als dass sie Gott genannt wird. Vielleicht wolltest du die Gabe Gottes verachten. Aber verachtest du auch Gott? *Gott ist Liebe, und wer in der Liebe bleibt, bleibt in Gott und Gott bleibt in ihm* (1 Joh 4,16). Sie bewohnen sich gegenseitig: der, der hält, und der, der gehalten wird. Du wohnst in Gott, aber du wirst gehalten: Gott wohnt in dir, doch er hält dich, damit du nicht fällst. Denke nicht, du würdest zum Haus Gottes so, wie dein Haus dein Fleisch trägt. Wenn das Haus, in dem du wohnst, zusammenstürzt, fällst du, wenn aber du zusammenstürzt, fällt Gott nicht. Unversehrt bleibt er, wenn du ihn verlässt, unversehrt, wenn du zu ihm zurückkehrst. Du wirst geheilt, ihm wirst du nichts geben: du wirst gereinigt, wiederhergestellt, geradegerichtet. Er ist die Arznei für die Kranken, Orientierung für den Kleinen, Licht für den Verfinsterten, Wohnort für den Verlassenen. Alles wird dir also angeboten. Glaube nicht, du würdest Gott etwas bringen, wenn du zu ihm kommst, noch nicht einmal einen Sklaven. Wird Gott also keine Diener haben, wenn du das nicht willst und wenn alle es nicht wollen? Gott braucht keine Diener, aber die Diener brauchen Gott. Deshalb sagt der Psalmist: *Ich sprach zum Herrn: Du bist mein Herr.* Er also ist der wahre Herr. Und weiter: *Du brauchst meine Güter nicht* (Ps 15,2). Du brauchst die Güter deines Dieners. Der Knecht braucht deine Güter, denn du ernährst ihn. Auch du brauchst die Güter deines Dieners, dass er dir hilft. Du kannst dir nicht das Wasser eingießen, nichts kochen, nicht vor deinem Pferd herlaufen, nicht für dein Vieh sorgen. Du siehst, du brauchst die Güter deines Dieners, du bedarfst seiner Folgsamkeit. Du bist also nicht der wahre Herr, wenn du einen Untergebenen brauchst. Der ist der wahre Herr, der nichts von uns sucht, doch wehe uns, wenn wir ihn nicht suchen. Nichts sucht er von uns, aber er hat uns gesucht, als wir ihn nicht suchten. Das eine Schaf hatte sich verirrt; er fand es und trug es voll Freude auf seinen Schultern zurück (vgl. Lk 15,4-5). War das Schaf etwa für den Hirten notwendig und nicht eher umgekehrt der Hirt für das Schaf? Je mehr ich über die Liebe spreche, desto weniger möchte ich die Auslegung dieses Briefes beenden. Keiner weiß mit größerem Feuer die Liebe zu empfehlen, nichts Süßeres kann euch gepredigt werden, nichts Heilsameres kann getrunken werden: Wenn ihr rechtschaffen lebt, stärkt ihr die Gabe Gottes in euch. Seid nicht undankbar gegenüber der großen Gnade dessen, der einen eingeborenen Sohn hatte, und nicht wollte, dass dieser allein sei, sondern, damit er Brüder habe, nahm er die an Kindesstatt an, die mit ihm das ewige Leben besitzen sollten. [VIII, 14]

NEUNTE PREDIGT[1] zu 1 Joh 4,17-21

Darin ist die Liebe vollkommen
Die Liebe, die uns in Gott bleiben lässt, erstreckt sich auf die Feinde. Die eine ist sklavische Furcht, die andere reine Liebe, in der wir fürchten, von Gott verlassen zu werden. In der Liebe werden wir schön in Christus und in der Einheit mit der Kirche.

Sei Gottes Wohnung

Eure Liebe erinnert sich, dass der letzte Teil aus dem Brief des Apostels Johannes noch zu behandeln und für euch auszulegen geblieben ist[2], soweit der Herr es uns gewährt. Wir sind uns dieser Schuld bewusst, aber ihr müsst ebenso an eure Forderung denken. Gerade die Liebe, die in diesem Brief auf das stärkste und nahezu ausschließlich empfohlen wird, macht uns zu vertrauenswürdigen Schuldnern und euch zu entgegenkommenden Mahnern. Ich sagte deshalb entgegenkommende Mahner, weil dort, wo keine Liebe herrscht, ein unerbittlicher Mahner steht: Wo aber die Liebe herrscht, ist der Fordernde entgegenkommend. Auch wenn der Schuldner eine gewisse Anstrengung auf sich nehmen muss, macht die Liebe diese Anstrengung fast wett oder zu einer leichten Anstrengung. Sehen wir das nicht auch bei den stummen und vernunftlosen Tieren, bei denen die Liebe nicht geistig, sondern nur fleischlich und natürlich ist, dass die Muttermilch von den Kleinen mit großem Verlangen gefordert wird? Und obwohl

[1] Gehalten am Samstag der Oktav von Christi Himmelfahrt.
[2] Nach der 8. Predigt in der Osterwoche ist also einige Zeit verstrichen.

das säugende Kleine zum Euter drängt, ist das für die Mutter besser, als wenn es nicht säugen wollte und nicht verlangte, was aus Liebe geschuldet wird. Oft beobachten wir, dass bereits entwöhnte Kälber mit dem Kopf die Euter der Muttertiere stoßen und ihren Körper ungestüm vom Boden abheben, ohne mit dem Huf gestoßen zu werden. Und wenn das säugende Kälbchen nicht da ist, wird es mit Gebrüll zum Euter gerufen. Wenn also in uns jene geistige Liebe herrscht, von der der Apostel sagt: *Ich bin in eurer Mitte ganz klein geworden, wie eine Amme, die ihre Kinder hegt* (1 Thess 2,7), dann lieben wir euch, wenn ihr es fordert. Wir lieben nicht die Trägen, denn wir sorgen uns um die Schlaffen.

Für die Festtage kamen aber gewisse Lesungen dazwischen, die wir nicht auslassen konnten, sondern behandeln mussten, so dass wir den Text dieses Briefes unterbrochen haben. Jetzt also wollen wir zur ursprünglichen Reihenfolge zurückkehren, und was noch bleibt, nehme eure Heiligkeit gespannt auf. Ich weiß nicht, ob man uns die Liebe mit mehr Wertschätzung empfehlen kann, als wenn man sagt: *Gott ist die Liebe* (1 Joh 4,8). Ein kleines und ein großes Lob, klein als Wort und groß in der Erkenntnis. Wie schnell sagt man: *Gott ist die Liebe!* Es ist kurz; wenn du zählst, nur ein Wort; wenn du erwägst, wie viel das ist! *Wer in der Liebe bleibt,* fügt der Apostel hinzu, *bleibt in Gott, und Gott bleibt in ihm* (1 Joh 4,16).[3]

[3] Gott muss im Menschen bleiben, damit alles menschliche Tun Liebe sei. Gott muss wie lebendiges Wasser in uns strömen, das unsere sittlichen Akte befruchtet. «… Wir müssen Gott besitzen.» Vgl. Stefan Gilson, *Der Heilige Augustin.* Eine Einführung in seine Lehre, Hellerau (Jakob Hegner) 1930, 243.

Gott sei deine Wohnung, und du sei Gottes Wohnung, bleibe in Gott, und Gott bleibe in dir. Gott bleibt in dir, um dich zu halten: Du bleibst in Gott, um nicht zu fallen. Das sagt der Apostel gerade von der Liebe: *Die Liebe fällt niemals* (1 Kor 13,8). Wie kann der fallen, den Gott hält? [IX, 1]

Zuversicht am Tag des Gerichts

Darin ist die Liebe unter uns zur Vollendung gekommen: Dass wir dem Tag des Gerichts mit Zuversicht entgegensehen sollen, denn wie er, so sind auch wir in dieser Welt (1 Joh 4,17). Johannes erklärt, wie ein jeder sich prüfen soll, in welchem Maß die Liebe in ihm fortgeschritten ist oder besser: wie er in der Liebe fortgeschritten ist. Denn wenn Gott die Liebe ist und wenn Gott weder Fortschritte noch Rückschritte macht, dann heißt in der Liebe fortschreiten, dass du in ihm fortschreitest. Befrage dich also, wie du in ihr fortgeschritten bist, und was dir dein Herz antwortet, damit du das Maß deines Fortschrittes erkennst. Er hat ja versprochen, uns zu zeigen, woran wir ihn erkennen, wenn er sagt: *Darin ist die Liebe unter uns zur Vollendung gekommen.* Worin? Darin, *dass wir dem Tag des Gerichts mit Zuversicht entgegensehen sollen.* Jeder, der dem Tag des Gerichts mit Zuversicht entgegensieht, in dem ist die Liebe zur Vollendung gekommen. Was heißt das, dem Tag des Gerichts mit Zuversicht entgegensehen? Sich nicht fürchten, dass der Tag des Gerichts kommt. Es gibt Menschen, die nicht an den Tag des Gerichts glauben; sie können nicht mit Zuversicht dem Tag entgegensehen, an dessen Kommen sie nicht glauben. Wir wollen sie übergehen, Gott erwecke sie zum Leben, was sollen wir von Toten sprechen? Sie glauben nicht an den zukünftigen Tag des Gerichts und fürchten und ersehnen nicht, woran sie nicht glauben.

Einer begann an den Tag des Gerichts zu glauben, damit begann er auch zu fürchten. Aber weil er sich noch davor fürchtet, sieht er dem Tag des Gerichts nicht mit Zuversicht entgegen, ist die Liebe in ihm nicht vollendet. Aber muss man an so jemandem zweifeln? Bei dem du einen Anfang siehst, warum zweifeln am Abschluss? Welchen Anfang stellst du fest, fragst du? Eben die Furcht. Vernimm die Schrift: *Der Anfang der Weisheit ist die Furcht des Herrn* (Sir 1,16). Er begann den Tag des Gerichts zu fürchten. Vor Furcht bessert er sich, er ist wachsam gegenüber seinen Feinden, den Sünden, langsam lebt er innerlich auf und tötet seine irdischen Glieder ab, wie der Apostel es rät: *So tötet nun eure Glieder ab* (Kol 3,5). Die Geister der Bosheit nennt er *Habsucht, Unreinheit* und die anderen, die noch aufgezählt werden. Je mehr einer, der den Tag des Gerichts zu fürchten begann, die Glieder abtötet, desto mehr erheben und kräftigen sich die himmlischen Glieder, welche die guten Werke sind. Wenn die himmlischen Glieder sich erheben, beginnt der Mensch zu wünschen, was er fürchtete. Denn er fürchtete, Christus komme und finde einen Gottlosen, den er verdamme. Nun wünscht er sein Kommen, weil er einen Frommen finden wird, den er krönen kann. Hat die reine Seele begonnen, die Ankunft Christi zu wünschen, hat sie die Umarmung des Bräutigams ersehnt, entsagt sie dem Ehebruch. In ihrem Inneren wird sie Jungfrau durch den Glauben, die Hoffnung und die Liebe. Schon sieht sie dem Tag des Gerichts mit Zuversicht entgegen; nichts kämpft gegen sie, wenn sie betet: *Dein Reich komme* (Mt 6,10). Denn wer das Kommen des Reiches Gottes fürchtet, fürchtet erhört zu werden. Wie betet der, der sich vor der Erhörung fürchtet? Wer aber mit der Zuversicht der Liebe betet, der wünscht, dass es komme. Von dieser Sehnsucht spricht der Psalmist: *Du aber, o Herr, wie lange? Wende dich wieder um, o Herr, errette meine Seele* (Ps 6,4f.). Er seufzte über den Aufschub. Es gibt Menschen, die in Geduld sterben, aber manche sind vollkommen und leben in Geduld. Was habe ich damit gesagt? Wer noch immer dieses Leben wünscht, erträgt den nahenden Tod geduldig. Er kämpft gegen sich, um den Willen Gottes zu befolgen, und in seinem Geist achtet er es für besser, was Gott gewählt hat, nicht was sein menschlicher Wille vorsieht. Mit dem Verlangen nach dem irdischen Leben kommt es zu einem Ringen mit dem Tod; er braucht Geduld und Tapferkeit, um in Gleichmut zu sterben: Dieser Mensch stirbt geduldig. Wer sich aber – wie der Apostel – wünscht, *aufgelöst zu werden, um bei Christus zu sein,* stirbt nicht geduldig, sondern lebt geduldig und stirbt in Freude. Schau, wie der Apostel geduldig lebt, das heißt, in Geduld das irdische Leben nicht liebt, sondern erträgt. *Aufgelöst zu werden, um bei Christus zu sein,* ist weitaus das Beste, aber *im Fleisch zu verbleiben ist nötiger um euretwillen* (Phil 1,23f.).

Also, Brüder, müht euch, bearbeitet euer Inneres, damit ihr den Tag des Gerichts herbeiwünscht. Anders kann die vollkommene Liebe nicht erprobt werden, als dass begonnen wird, den Tag herbeizuwünschen, ihm mit Zuversicht entgegenzusehen mit einem Gewissen ohne Angst in vollkommener und aufrichtiger Liebe. [IX, 2]

Das Beispiel Gottes

Darin ist die Liebe unter uns zur Vollendung gekommen: dass wir dem Tag des Gerichts mit Zuversicht entgegensehen sollen. Warum werden wir Zuversicht haben? *Weil wie er, so auch wir in dieser Welt sind* (1 Joh 4,17). Du hast den Grund deines Vertrauens gehört: *Weil wie er, so auch wir in dieser Welt sind.* Scheint der Apostel Johannes nicht etwas Unmögliches gesagt zu haben? Kann denn ein Mensch sein wie Gott? Ich habe euch schon dargelegt, dass dieses «wie» nicht immer Gleichheit, sondern eine gewisse Ähnlichkeit ausdrückt. Denn wie du sagst: Wie ich Ohren habe, so hat sie auch mein Bild. Sicher doch nicht so? Aber trotzdem sagst du «wie». Wenn wir nach dem Bild Gottes geschaffen sind, warum sind wir nicht wie Gott? Wir sind nicht ihm gleich, sondern entsprechend unserer Weise. Woher sehen wir dem Tag des Gerichts mit Zuversicht entgegen? *Weil wie er, so auch wir in dieser Welt sind.* Wir müssen das auf die Liebe beziehen und verstehen, was gesagt wird. Der Herr sagt im Evangelium: *Wenn ihr nur die liebt, die euch lieben, was habt ihr für einen Lohn? Tun nicht auch die Zöllner dasselbe?* (Mt 5,46). Was also will der Herr von uns? *Ich aber sage euch: Liebet eure Feinde und bittet für die, die euch verfolgen* (Mt 5,44). Wenn er uns anweist, unsere Feinde zu lieben, woher nimmt er das Beispiel? Von Gott selbst, denn er sagt: *Damit ihr Söhne eures Vaters im Himmel seid.* Wie gibt uns Gott dieses Beispiel? Er liebt seine Feinde, *denn er lässt seine Sonne aufgehen über Böse und Gute und lässt regnen über Gerechte und Ungerechte* (Mt 5,45). Wenn Gott uns also zu dieser Vollkommenheit einlädt, dass wir unsere Feinde so lieben, wie er die seinen geliebt hat, dann sehen wir dem Tag des Gerichts mit Zuversicht entgegen, *weil wie er, so auch wir in dieser Welt sind.* Denn wie er seine Feinde liebt, indem er die Sonne über Bösen und Guten aufgehen lässt und über Gerechten und Ungerechten regnen lässt, so können wir unseren Feinden nicht Sonne und Regen geben; wir geben unsere Tränen, wenn wir für sie beten. [IX, 3]

Furcht und Liebe

Seht, was Johannes über die Zuversicht sagt. Woran erkennt man die vollkommene Liebe? *Furcht ist nicht in der Liebe.* Was also sagen wir über den, der anfing, sich vor dem Tag des Gerichts zu fürchten? Wäre die vollkommene Liebe in ihm, würde er sich nicht fürchten, denn die vollkommene Liebe schaffte vollkommene Gerechtigkeit und es gäbe keinen Grund zur Furcht. Im Gegenteil, sie hätte allen Grund zu verlangen, dass die Ungerechtigkeit vorüber gehe und das Reich Gottes komme. Also: *Furcht ist nicht in der Liebe.* Aber in welcher Liebe? Nicht in der anfänglichen. In welcher also? *Die vollkommene Liebe treibt die Furcht aus*, fährt der Apostel fort. Also steht die Furcht am Anfang, denn *der Anfang der Weisheit ist die Furcht des Herrn* (Sir 1,14). Die Furcht bereitet der Liebe gleichsam einen Ort. Hat die Liebe angefangen, in dir zu wohnen, vertreibt sie die Furcht, die ihr den Ort bereitet hat. Umso mehr jene wächst, desto mehr nimmt diese ab, und je mehr jene das Innere erfüllt, desto mehr vertreibt diese die Furcht. Größere Liebe, geringere Furcht, geringere Liebe, größere Furcht. Besteht keine Furcht, gibt es nichts, wodurch die Liebe eintreten kann. Beim Nähen sehen wir, wie der Faden durch die Nadel geführt wird; die Nadel tritt zuerst ein, aber wenn sie nicht austritt, kann der Faden nicht nachkommen. So besetzt die Furcht zuerst den Geist, aber dort bleibt sie nicht, weil sie nur deshalb eintrat, um die Liebe einzuführen. Hat sie der Seele Sicherheit bereitet, welche Freude ergreift uns dann in diesem oder im zukünftigen Leben? Und wer kann uns in diesem Leben in der Fülle der Liebe schaden? Hört, wie der Apostel diese Liebe preist: *Wer will uns scheiden von der Liebe Christi? Trübsal oder Angst oder Verfolgung oder Hunger oder Blöße oder Gefahr oder Schwert?* (Röm 8,35). Und der Apostel Petrus sagt: *Und wen gibt es, der euch etwas Böses zufügen könnte, wenn ihr dem Guten nacheifert?* (1 Petr 3,13). *Furcht ist nicht in der Liebe, sondern die vollkommene Liebe vertreibt die Furcht, denn Furcht enthält Qual.*

Das Bewusstsein der Sünde quält das Herz, solange die Rechtfertigung nicht vollzogen ist: Es gibt etwas, was reizt und beunruhigt. Was sagt daher der Psalmist über die Vollendung der Gerechtigkeit? *Du hast für mich mein Klagen in Tanz verwandelt, mein Trauergewand zerrissen, mich mit Freude umgürtet, auf dass meine Seele dir lobsinge und ich gewiss nicht zuschanden werde* (Ps 29,12f.). Was heißt das, nicht zuschanden werden? Nichts soll mein Gewissen quälen. Die Furcht quält, aber sei ohne Furcht; die Liebe tritt ein und heilt, was die Furcht verletzt. Die Furcht vor Gott verletzt so wie das Instrument des Arztes: Er nimmt die Fäulnis weg und vergrößert so scheinbar die Wunde. Solange die Fäulnis am Körper war, war die Wunde kleiner aber gefährlich, das Instrument des Arztes erfüllte seinen Dienst. Die Wunde schmerzte weniger als im Moment der Behandlung: Sie schmerzt mehr, wenn sie beschnitten und behandelt wird, als wenn sie nicht gepflegt wird. Bei verabreichter Medizin schmerzt sie deshalb mehr, damit sie nach erfolgter Heilung niemals mehr schmerze. Furcht soll also dein Herz besetzen, damit die Liebe einziehen kann. Nach dem Instrument des Arztes bleibt nur eine Narbe. Hier ist jedoch ein Arzt, der auch Narben verschwinden lässt, überlass dich nur seiner Hand. Denn wenn du ohne Furcht bist, kannst du nicht gerechtfertigt werden. Die Schrift sagt: *Wer ohne Furcht ist, kann nicht gerechtfertigt werden* (Sir 1,28). Furcht muss also zuerst aufkommen, durch sie soll die Liebe kommen. Die Furcht ist das Heilmittel, die Liebe die Gesundheit. *Wer sich also fürchtet, ist in der Liebe nicht zur Vollendung gekommen* (1 Joh 4,18). Warum? *Weil die Furcht Qual enthält,* wie der Schnitt des Arztes qualvoll ist. [IX, 4]

Ein Widerspruch?

Es gibt aber auch einen anderen Satz, der in Widerspruch zu diesem zu stehen scheint, wenn das richtige Verständnis fehlt: Es heißt einmal im Psalm: *Die Furcht des Herrn ist rein und bleibet ewig* (Ps 18,10). Von einer ewigen aber reinen Furcht spricht der Psalmist. Wenn er uns eine ewige Furcht kundtut, widerspricht dem vielleicht dieser Brief, in dem es heißt: *Furcht ist nicht in der Liebe, denn die vollkommene Liebe treibt die Furcht aus*? Untersuchen wir die beiden Aussprüche Gottes.

Ein Geist ist es, wenn auch von zwei Büchern, zwei Mündern, zwei Zungen. Das eine sagt der Apostel Johannes, das andere David, aber glaubt nicht, es sei ein anderer Geist. Wenn ein Blasen zwei Flöten ertönen lässt, kann dann nicht auch ein Geist zwei Herzen erfüllen, zwei Zungen lenken? Wenn aber von einem Geist, also von einem Blasen zwei erfüllte Flöten zusammenklingen, können dann zwei von Heiligem Geist erfüllte Zungen nicht harmonisch klingen? Es gibt also eine gewisse Harmonie, eine Eintracht, aber sie braucht einen Zuhörer. Seht, der Geist Gottes inspirierte und erfüllte zwei Herzen, zwei Münder, und bewegte zwei Zungen: Von einer vernahmen wir: *Furcht ist nicht in der Liebe, denn die vollkommene Liebe treibt die Furcht aus,* und von der anderen: *Die Furcht des Herrn ist rein und bleibet ewig.* Was ist das? Eine Dissonanz? Nein, öffne die Ohren, vernimm die Melodie. Nicht ohne Grund steht hier rein und dort nicht, denn die Furcht, die rein genannt wird, ist eine andere als die, welche nicht so bezeichnet wird. Unterscheiden wir diese beiden Arten der Furcht, um die Harmonie der beiden Flöten zu verstehen. Wie verstehen wir? Oder wie unterscheiden wir? Eure Liebe habe Acht. Es gibt Menschen, die Gott deshalb fürchten, damit sie nicht in die Hölle kommen, vielleicht mit dem Teufel im ewigen Feuer brennen. Das ist die Furcht, die die Liebe einführt, aber sie kommt so, dass sie wieder geht. Denn wenn du Gott wegen seiner Strafen fürchtest, liebst du den noch nicht, vor dem du dich fürchtest. Du verlangst nicht das Gute, sondern hütest dich vor dem Bösen. Weil dem so ist, besserst du dich und fängst an, das Gute zu wünschen; auf diese Weise entsteht in dir die reine Furcht. Was ist reine Furcht? Die Furcht, dass du das Gute aufgibst. Merkt auf! Es ist etwas anderes, Gott zu fürchten, damit er dich nicht mit dem Teufel in die Hölle wirft; es ist wieder etwas anderes, von Gott zu fürchten, dass er sich von dir zurückzieht. Jene Furcht, dass er dich mit dem Teufel in die Hölle wirft, ist noch nicht rein, denn sie kommt nicht aus der Liebe Gottes, sondern aus der Furcht vor Strafe. Fürchtest du aber, Gottes Gegenwart könne dich verlassen, dann empfängst du ihn, verlangst ihn, um dich seiner zu freuen. [IX, 5]

Zwei Arten von Furcht

Es kann nicht besser erklärt werden, wie sich diese beiden Arten von Furcht unterscheiden: die eine, welche der Liebe den Rücken kehrt, und die andere, reine, die in Ewigkeit bleibt, als wenn du zwei verheiratete Frauen annimmst. Die eine stelle dir so vor, dass sie Ehebruch begehen, sich durch Ausschweifung vergnügen will, aber sich fürchtet, von ihrem Mann verurteilt zu werden. Sie fürchtet den Gatten, weil sie immer noch Ausschweifung mag, deswegen fürchtet sie ihn. Die Anwesenheit ihres Mannes ist ihr nicht angenehm, sondern lästig, und wenn sie ein ausschweifendes Leben führt, fürchtet sie, dass ihr Mann dazukomme. So sind die, welche fürchten, dass der Tag des Gerichtes komme. Die andere liebt ihren Mann, umarmt ihn in reiner Gesinnung, wünscht seine Gegenwart. Wie unterscheiden sich diese beiden Arten von Furcht? Die eine fürchtet, und die andere fürchtet auch. Frage sie, und sie werden dir ein und dieselbe Antwort geben:

Auf die Frage, fürchtest du dich vor deinem Mann, antworten beide: ich fürchte mich. Mit einer Stimme, aber mit verschiedener Gesinnung. Fragt man nach dem Grund, antwortet die eine, sie fürchte, dass ihr Mann dazukomme, die andere, dass ihr Mann weggehe. Die eine fürchtet verurteilt zu werden, die andere fürchtet verlassen zu werden. Übertrage das auf die Gesinnung der Christen, und du findest die Furcht, die der Liebe den Rücken kehrt, und die reine Furcht, die in Ewigkeit bleibt. [IX, 6]

Die untreue Frau

Reden wir zuerst von den Frauen, die Gott so fürchten wie jene Frau, der die Ausschweifung gefällt: Sie fürchtet, dass der Mann sie verurteile; von solchen wollen wir zuerst sprechen. O Seele, die du Gott nur um der Verurteilung willen fürchtest wie die Frau, der die Ausschweifung gefällt; sie fürchtet den Mann um der Verurteilung willen: Wie dir diese Frau missfällt, so missfalle auch du dir. Vielleicht hast du eine Frau; willst du, dass deine Frau dich so fürchtet, damit sie von dir nicht verurteilt wird; dass ihr die Ausschweifung gefällt, aber nur die Kraft der Furcht sie zurückhält, nicht die Verurteilung des Unrechts? Du willst, dass sie keusch sei und dich liebe, nicht, dass sie dich fürchte. Führe dich so vor Gott auf, wie du deine Frau erleben willst. Und wenn du keine hast, aber eine haben möchtest, willst du doch eine, wie wir eben beschrieben haben.

Was sagen wir dazu, Brüder? Jene Frau, die ihren Mann um der Verurteilung willen fürchtet, begeht vielleicht keinen Ehebruch, damit es ihr Mann nicht irgendwie erfährt und ihr das irdische Licht auslösche. Er kann aber auch betrogen werden, denn er ist ein Mensch wie sie, die betrügen kann. Die Frau fürchtet ihn, vor dessen Augen sie sich verbergen kann, und du fürchtest nicht das Antlitz des Herrn über dir? *Das Antlitz des Herrn steht wider die Übeltäter* (Ps 33,17). Jene erfährt von der Abwesenheit ihres Mannes, die Lust zum Ehebruch wächst vielleicht in ihr, und dennoch sagt sie sich: Nein, ich mache es nicht. Zwar ist er nicht da, aber es ist schwierig, dass es nicht doch auf irgendeine Weise ihm zu Ohren komme. Sie beherrscht sich, damit es nicht einer erfährt, der es nicht zu wissen braucht und getäuscht werden kann, der auch eine gute Frau als schlecht verdächtigt und eine keusche Frau als Ehebrecherin ansehen kann. Und du fürchtest nicht die Augen dessen, den niemand täuschen kann? Du fürchtest nicht die Gegenwart Gottes, der sich von dir nicht abwenden kann? Bitte Gott, dass er auf dich schaue und sein Angesicht von deinen Sünden kehre: *Verbirg dein Angesicht vor meinen Sünden* (Ps 50,11). Aber wie verdienst du, dass er sein Angesicht vor deinen Sünden verbirgt? Indem du dein Angesicht nicht von deinen Sünden abwendest. So sagt es der Psalmist: *Denn ich selber kenne mein Vergehen und meine Sünde steht mir immerdar vor Augen* (Ps 50,5). Gib du sie zu, und er vergibt. [IX, 7]

Die treue Frau

Wir haben die Seele angesprochen, die noch Furcht hat und nicht in Ewigkeit bleibt, aber die Liebe ausschließt und wegschickt. Sprechen wir auch die an, die bereits die reine Furcht hat und in Ewigkeit bleibt. Finden wir sie wohl, so dass wir sie ansprechen können? Meinst du, sie ist in diesem Volk, in dieser Kirche, auf dieser Erde? Sie muss da sein, aber in Verborgenheit. Es ist Winter, das Grün steckt noch in der Wurzel. Vielleicht finden wir ihr Ohr. Wo immer aber diese Seele ist, ich würde sie gewiss finden, und nicht sie würde mir ihr Ohr, sondern ich würde ihr mein Ohr leihen, denn sie könnte mich besser belehren als ich sie. Eine Seele, die heilig, feurig, das Reich Gottes ersehnt: Nicht ich spreche sie an, sondern Gott selbst, und sie, die geduldig auf Erden lebt, wird getröstet. Schon willst du, dass ich komme, und ich komme schnell. Aber für die Liebende ist es zu spät. Höre sie, die wie eine Lilie unter den Dornen singt, vernimm ihr Seufzen, und wie sie unter Seufzen sagt: *Dir, o Herr, will ich spielen und achthaben auf untadeligen Wandel, wann kommst du zu mir?* (Ps 100,1f.). Auf ihrem untadeligen Weg hat sie keine Furcht, *denn die vollkommene Liebe treibt die Furcht aus.* Und wenn er kommt und sie umarmt, fürchtet sie sich, aber ohne unsicher zu sein. Was fürchtet sie? Sie wird sich hüten und vor der Ungerechtigkeit in Acht nehmen, damit sie nicht erneut sündigt und ins Feuer geworfen wird, sondern von ihm nicht mehr verlassen wird. Und was wird in ihr sein? *Die lautere Furcht, die in Ewigkeit bleibt.* Zwei harmonierende Flöten haben wir gehört. Beide sprechen von ihrer Furcht, aber die eine von der Furcht der Seele, verurteilt zu werden, die andere von der Furcht der Seele, verlassen zu werden. Die eine ist die Furcht, die die Liebe ausschließt, die andere ist die Furcht, die in Ewigkeit bleibt. [IX, 8]

DIE LIEBE GOTTES MACHT UNSERE GESTALT SCHÖN

Wir aber lieben, weil er uns zuerst geliebt hat (1 Joh 4,19). Denn woher sollen wir lieben, wenn er uns nicht zuerst geliebt hätte? Durch die Liebe sind wir Freunde geworden, doch als seine Feinde hat er uns geliebt, damit wir Freunde würden. Er hat uns zuerst geliebt und uns geschenkt, dass wir ihn lieben. Wir liebten ihn noch nicht, erst in der Liebe wird unsere Gestalt schön. Was macht ein hässlicher Mensch mit einem entstellten Gesicht, wenn er eine schöne Frau liebt? Oder was macht ein hässliches, entstelltes Frauenzimmer, wenn es einen schönen Mann liebt? Wird sie durch die Liebe schön sein? Oder der Mann, wird er durch die Liebe wohlgestaltet sein? Er liebt eine schöne Frau, und wenn er sich im Spiegel sieht, scheut er sich, sein Gesicht jener Schönen zuzuwenden, die er liebt. Was kann er tun, um schön zu sein? Darauf warten, dass die Schönheit komme? Während des Wartens stellt sich das Greisenalter ein und macht ihn noch hässlicher. Er kann also nichts machen, es gibt keinen Rat, den du ihm geben kannst, außer er gehe das Wagnis nicht ein, eine ihm Ungleiche zu lieben. Oder wenn er sie vielleicht liebt und heiraten möchte, dann liebe er in ihr die Reinheit, nicht die leibliche Gestalt.

Aber unsere Seele, meine Brüder, ist hässlich durch die Ungerechtigkeit: Indem sie Gott liebt, wird sie schön. Was für eine Liebe macht eine liebende Seele schön? Gott aber ist immer schön, niemals hässlich, niemals veränderlich. Er, der immer schön ist, hat uns zuerst geliebt als Hässliche und Missgestaltete. Aber nicht um uns als hässlich aufzugeben, sondern um uns zu verwandeln und aus hässlichen Menschen schöne Gestalten zu machen. Wie werden wir schön sein? Indem wir den lieben, der immer schön ist. Je mehr in dir die Liebe wächst, desto mehr wächst die Schönheit, denn die Liebe ist die Schönheit der Seele. *Wir aber lieben, weil er uns zuerst geliebt hat.* Vernimm das Wort des Apostels Paulus: *Gott beweist aber seine Liebe gegen uns dadurch, dass Christus für uns gestorben ist, als wir noch Sünder waren* (Röm 5,8), der Gerechte für die Ungerechten, der Schöne für die Hässlichen. Wie finden wir den schönen Jesus? *Du bist der Schönste unter den Menschenkindern, Anmut ist ausgegossen über deine Lippen* (Ps 44,3). Woher? Seht, woher er schön ist: *Du bist der Schönste unter den Menschenkindern,* denn *im Anfang war das Wort und das Wort war bei Gott* (Joh 1,1). Weil er aber Fleisch annahm, nahm er sozusagen deine Hässlichkeit an, das heißt, deine Sterblichkeit, um sich dir anzugleichen, dir zu entsprechen und dich anzuregen, die Schönheit im Innern zu lieben. Wo also finden wir Jesus hässlich und entstellt, wie wir ihn schön und wohlgestaltet vor den Menschenkindern gefunden haben? Wo sehen wir, dass er entstellt ist? Frage den Propheten Jesaia: *Er hatte weder Gestalt noch Schönheit, dass wir nach ihm geschaut hätten* (Jes 53,2). Wieder diese beiden fast verschieden klingenden Flöten, aber ein Geist bläst sie beide. Erst heißt es: *Du bist der Schönste unter den Menschenkindern,* und dann bei Jesaia: *Er hatte weder Gestalt noch Schönheit, dass wir nach ihm geschaut hätten.*[4] Von einem

[4] Vgl. dazu die Ausführungen von Hans Urs von Balthasar, *Klerikale Stile,* in: *Herrlichkeit* II,1, Freiburg (Johannes Verlag Einsiedeln) [4]2020, 136-138. Den Widerspruch zwischen Ps

Geist werden die beiden Flöten geblasen, damit sie nicht falsch klingen. Wende dein Ohr nicht ab, nimm deinen Verstand dazu. Fragen wir den Apostel Paulus, er soll uns den Zusammenklang der beiden Flöten darlegen. Klingt uns entgegen: *Du bist der Schönste unter den Menschenkindern. Der, als er in Gottes Gestalt war, es nicht für einen Raub hielt, wie Gott zu sein.* Dem entspricht: *Du bist der Schönste unter den Menschenkindern.* Und der andere Klang: *Er entäußerte sich selbst, indem er Knechtsgestalt annahm und den Menschen ähnlich wurde; und der Erscheinung nach wie ein Mensch erfunden wurde* (Phil 2,6-7). *Er hatte weder Gestalt noch Schönheit,* um dir Gestalt und Schönheit zu verleihen. Welche Gestalt, welche Schönheit? Die Liebe (dilectio) zur Liebe (caritas): damit du liebend eilst und eilends liebst. Schön bist du schon, aber achte nicht auf dich, damit du das Empfangene nicht verlierst. Achte auf ihn, der dich schön gemacht hat. Deshalb sei schön, damit er dich lieben kann. Wende deine ganze Aufmerksamkeit ihm zu, eile zu ihm, verlange nach seiner Umarmung, fürchte, von ihm zu scheiden. So sei in dir die reine Furcht, die in Ewigkeit bleibt. *Wir aber lieben, weil er uns zuerst geliebt hat.* [IX, 9]

44,3, Christus als der Schönste der Menschenkinder, und Jes 53,2, Christus hatte keine Wohlgestalt, löst Augustinus auf, denn der schöne Gott wird Mensch, um den hässlichen Menschen zu lieben, ihn liebenswert zu machen. Der Weg der Liebe geht also nach innen, die Liebe wird zu einer inneren Qualität. Vgl. auch Paul Agaësse, *Commentaire*, a.a.O., 396f.

Gottesliebe – Bruderliebe

Jemand sagt: Ich liebe Gott. Welchen Gott und warum lieben wir ihn? *Weil er uns zuerst geliebt hat,* und uns es gab zu lieben. Er hat die Gottlosen geliebt, um sie gottesfürchtig zu machen; er hat die Ungerechten geliebt, um sie gerecht zu machen; er hat die Kranken geliebt, um sie gesund zu machen. Also *lieben auch wir, weil er uns zuerst geliebt hat.* Frage irgendjemanden, er soll dir sagen, ob er Gott liebe. Er bekennt mit lauter Stimme: Ich liebe, Gott weiß es. Man muss anders fragen: *Wenn jemand sagt: Ich liebe Gott, und er hasst seinen Bruder, ist er ein Lügner.* Wie beweist du, dass er ein Lügner ist? Vernimm*: Denn wer seinen Bruder, den er sieht, nicht liebt, kann nicht Gott lieben, den er nicht sieht* (1 Joh 4,20). Was also? Wer seinen Bruder liebt, liebt er auch Gott? Unausweichlich liebt er Gott, unausweichlich muss er die Liebe an sich lieben. Kann etwa jemand den Bruder lieben und die Liebe nicht lieben? Unausweichlich liebt die Liebe. Was also? Liebt jener Gott deswegen, weil er die Liebe liebt? Bestimmt deswegen. Indem er die Liebe liebt, liebt er Gott. Oder hast du vergessen, was du kurz zuvor gesagt hast: *Gott ist die Liebe*? Wenn Gott die Liebe ist, liebt jeder, der die Liebe liebt, Gott. Also liebe deinen Bruder und sei sorglos. Du kannst nicht sagen: Ich liebe meinen Bruder, aber Gott liebe ich nicht. Du würdest lügen, wenn du sagtest: Ich liebe Gott, wenn du deinen Bruder nicht liebst. Du täuschtest dich, wenn du sagtest: Ich liebe meinen Bruder, aber du meintest, dass du Gott nicht liebst. Du musst, wenn du den Bruder liebst, auch die Liebe an sich lieben, aber *die Liebe ist Gott.* Jeder, der seinen Bruder liebt, liebt also unausweichlich Gott. Liebst du aber deinen Bruder, den du siehst, nicht, wie kannst du Gott lieben, den du nicht siehst? Warum sieht er Gott nicht? Weil er die Liebe an sich nicht hat. Er sieht Gott nicht, weil er die Liebe nicht hat; deshalb hat er die Liebe nicht, weil er den Bruder nicht liebt. Darum sieht er also Gott nicht, weil er die Liebe nicht hat. So er die Liebe hat, sieht er die Liebe, denn *Gott ist die Liebe*: durch die Liebe wird sein Auge immer mehr gereinigt, so dass er jenes unveränderliche Wesen schaut, dessen Gegenwart ihn immer erfreut, die er in Verbundenheit mit den Engeln ewig genießt. Doch jetzt eile er, damit er einst im Vaterland sich freue. Er liebe nicht die Pilgerschaft, den Weg: Alles sei ihm bitter außer jenem, der ruft, bis wir ihm ergeben sind und mit dem Psalmisten feststellen: *Du vernichtest alle, die dir untreu werden.* Wer sind die, die untreu werden? Die weggehen und das Irdische lieben. Du aber, was meint du? Der Psalmist fährt fort: *Mir aber ist es köstlich, Gott nahe zu sein* (Ps 72,27f.). Mein ganzes Gut ist es, Gott umsonst nahe zu sein. Und wenn du fragst, warum du Gott nahe bist, kommt als Antwort: Damit er mir schenke? Was soll er dir schenken? Den Himmel hat er geschaffen, die Erde hat er geschaffen, was soll er dir noch schenken? Du bist ihm schon nahe, finde noch Besseres, und er schenkt es dir. [IX, 10]

Christi Gebot

Denn wer seinen Bruder, den er sieht, nicht liebt, kann nicht Gott lieben, den er nicht sieht. Und dieses Gebot haben wir von ihm: dass, wer Gott liebt, auch seinen Bruder liebt (1 Joh 4,20-21). Du sagtest großspurig: *Ich liebe Gott*, und du hassest deinen Bruder. O, du Mörder, wie liebst du Gott? Hast du nicht zuvor in eben diesem Brief vernommen: *Jeder, der seinen Bruder hasst, ist ein Mörder* (1 Joh 3,15)? Aber ich liebe Gott in jedem Fall, auch wenn ich meinen Bruder hasse. Du liebst Gott eben nicht, wenn du deinen Bruder hasst. Ich beweise es mit einem anderen Wort des Apostels: *Das ist sein Gebot, dass wir einander lieben* (1 Joh 3,23). Wie kannst du den lieben, dessen Gebot du hassest? Denn wer würde sagen: Ich liebe den Kaiser, aber ich hasse seine Gesetze? Der Kaiser erkennt deine Liebe daran, dass seine Gesetze in den Provinzen beachtet werden. Wie lautet das Gesetz des Kaisers? *Ein neues Gebot gebe ich euch, dass ihr einander lieben sollt* (Joh 13,34). Du behauptest also, Christus zu lieben: Halte sein Gebot und liebe deinen Bruder. Wenn du aber deinen Bruder nicht liebst, wie kannst du den lieben, dessen Gebot du verachtest?

Meine Brüder, ich kann nicht aufhören, im Namen Christi von der Liebe zu sprechen. In dem Maße, in dem auch ihr danach verlangt, wächst sie, wie wir hoffen, auch in euch und treibt die Furcht aus, so dass jene reine Furcht bleibt, die in alle Ewigkeit besteht. Ertragen wir die Welt, die Anfechtungen, die Ärgernisse der Versuchungen. Weichen wir nicht vom Weg ab, halten wir an der Einheit der Kirche fest, an Christus, an der Liebe. Entfremden wir uns nicht von den Gliedern seiner Braut, vom Glauben, damit wir uns in seiner Gegenwart rühmen können. Sicher werden wir in ihm bleiben, jetzt im Glauben, dann in der Schau, als deren Unterpfand wir die Gabe des Heiligen Geistes besitzen. [IX, 11]

ZEHNTE PREDIGT[1] zu 1 Joh 5,1-3

Jeder, der glaubt
Wer in Treue den Vater liebt, liebt auch den Sohn und die Söhne Gottes, mühelos und sicher, denn niemand kann den Geliebten wegnehmen. Die Liebe ist das Ziel des Gebotes; sie weitet sich aus zu den Gliedern Christi, zur Kirche.

Das Werk des Glaubens

Sicher erinnern sich die, die gestern dabei waren, bis zu welcher Stelle wir mit der Auslegung des Briefes gekommen waren, nämlich: *Wer seinen Bruder, den er sieht, nicht liebt, kann nicht Gott lieben, den er nicht sieht. Und dieses Gebot haben wir von ihm: dass, wer Gott liebt, auch seinen Bruder liebt* (1 Joh 4,20-21). Bis dahin haben wir den Brief behandelt, das Folgende wollen wir der Reihe nach betrachten.

Jeder, der glaubt, dass Jesus der Christus ist, ist aus Gott gezeugt (1 Joh 5,1). Wer ist das, der nicht glaubt, dass Jesus der Christus ist? Der nicht so lebt, wie Christus es vorgeschrieben hat. Denn viele sagen: Ich glaube, aber der Glaube ohne Werke erlöst nicht. Das Werk des Glaubens ist die Liebe, wie der Apostel Paulus sagt: Ein *Glaube, der sich durch Liebe wirksam erweist* (Gal 5,6). Bevor du geglaubt hast, waren deine früheren Werke wertlos, oder schienen sie auch gut, sie waren doch vergeblich. Wenn sie wertlos waren, warst du gleichsam ein Mensch ohne Füße oder wie einer, der mit verletzten Füßen nicht gehen kann.

[1] Wahrscheinlich gehalten am Sonntag nach Christi Himmelfahrt.

Wenn sie aber gut schienen, so bist du, bevor du glaubtest, sicher gelaufen, aber am Weg vorbei, du irrtest eher, als dass du ans Ziel kamst. Wir sollen also laufen, aber auf dem Weg laufen. Wer am Weg vorbei läuft, läuft umsonst und angestrengt. Er irrt umso mehr, je mehr er am Weg vorbeiläuft. Auf welchem Weg laufen wir? Christus sagt: *Ich bin der Weg*. Zu welcher Heimat laufen wir? Christus sagt: *Ich bin die Wahrheit* (Joh 14,6). Aus ihm läufst du, zu ihm läufst du, in ihm ruhst du. Doch damit wir aus ihm laufen, hat er sich nach uns ausgestreckt: Wir waren weit entfernt und wanderten weit entfernt. Aber es reichte nicht, dass wir weit entfernt wanderten, in unserer Schwäche konnten wir uns nicht bewegen. Als Arzt kam er zu den Kranken, als der Weg streckte er sich den Entfernten entgegen. Lassen wir uns von ihm heilen, laufen wir aus ihm. Das heißt glauben, dass Jesus der Christus ist, wie die Christen glauben, die nicht nur dem Namen nach Christen sind, sondern auch in ihren Werken und ihrem Leben, die nicht wie die Dämonen glauben. Denn *auch die Dämonen glauben und zittern* (Jak 2,19), sagt die Schrift. Was konnten die Dämonen mehr glauben, als dass sie sagten: *Wir wissen, wer du bist, der Sohn Gottes?* Was die Dämonen sagten, hat auch Petrus bekannt. Als der Herr fragte, wer er sei und für wen ihn die Leute hielten, antworteten ihm die Jünger: *Etliche für Johannes den Täufer, andere für Elia, noch andere für Jeremia oder einen der Propheten*. Und der Herr: *Ihr aber, für wen haltet ihr mich? Da antwortete Simon Petrus und sprach: Du bist der Christus, der Sohn des lebendigen Gottes*. Und er hörte aus dem Mund des Herrn: *Selig bist du, Simon, Sohn des Jona, denn Fleisch und Blut hat dir das nicht geoffenbart, sondern mein Vater in den Himmeln.* Seht, welches Lob auf diesen Glauben folgt: *Du bist Petrus, und auf diesen Felsen will ich meine Kirche bauen* (Mt 16,15-18). Was heißt das: *auf diesen Felsen will ich meine Kirche bauen*? Auf diesen Glauben, auf dieses Bekenntnis. *Du bist der Christus, der Sohn des lebendigen Gottes. Auf diesen Felsen,* sagt er, *will ich meine Kirche bauen.* Ein großes Lob. Petrus sagt also: *Du bist der Christus, der Sohn des lebendigen Gottes;* die Dämonen sagen: *Wir wissen, wer du bist, der Sohn Gottes.* Das sagt Petrus, das sagen die Dämonen: mit denselben Worten, aber nicht im selben Geist. Und woher steht fest, dass Petrus das aus Liebe bekannte? Weil der Glaube des Christen mit Liebe verbunden ist, der Glaube der Dämonen aber ohne Liebe ist. Petrus beteuerte das, um Christus zu umfangen, die Dämonen sagten das, damit Christus von ihnen ablasse. Denn bevor sie sagten: *Wir wissen, wer du bist, der Sohn Gottes*, hatten sie gesagt: *Was haben wir mit dir zu schaffen? Bist du gekommen, um uns vor der Zeit zu peinigen?* (Mt 8,29). Eines ist es also, Christus zu bekennen, um ihn zu haben, ein anderes, Christus zu bekennen, damit du ihn von dir abweist. Ihr seht also, indem der Apostel hier sagt, *jeder, der glaubt,* dass es ein bestimmter Glaube ist, nicht ein beliebiger.

Deshalb, meine Brüder, sage zu euch kein Häretiker: Auch wir glauben. Deshalb habe ich das Beispiel von den Dämonen gebracht, damit ihr euch nicht über die Worte der Glaubenden freut, sondern die Werke der Lebenden prüft. [X, 1]

Wer den Vater liebt, liebt den Sohn

Schauen wir nun, was das bedeutet, an Christus zu glauben, zu glauben, dass Jesus selbst der Christus ist. Der Apostel fährt fort: *Jeder, der glaubt, dass Jesus der Christus ist, der ist aus Gott gezeugt.* Aber was heißt das, so zu glauben? *Jeder, der den liebt, der ihn gezeugt hat, liebt auch den, der aus ihm gezeugt ist* (1 Joh 5,1). Sofort wird die Liebe mit dem Glauben verbunden, denn ohne Liebe ist der Glaube leer. Verbunden mit der Liebe ist es der Glaube mit der Liebe, ohne die Liebe der Glaube des Dämons. Die nicht glauben sind schlimmer als die Dämonen und träger als sie. Ich weiß nicht, wer nicht an Christus glauben will, bisher wird er nicht einmal von den Dämonen nachgeahmt. Schon glaubt er an Christus, aber er hasst ihn; am Glaubensbekenntnis hält er fest aus Angst vor Strafe, nicht aus Liebe zur Krone, denn auch die Dämonen fürchteten die Strafe. Ergänze deinen Glauben um die Liebe, dass es der Glaube werde, von dem der Apostel Paulus sagt: *Glaube, der sich durch Liebe wirksam erweist* (Gal 5.6). Du hast einen Christen gefunden, einen Bürger Jerusalems, einen Bürger der Engel, einen Bürger voll Sehnsucht unterwegs. Geselle dich zu ihm, er ist dein Begleiter, laufe mit ihm, wenn auch du einer bist. *Jeder, der den liebt, der ihn gezeugt hat, liebt auch den, der aus ihm gezeugt ist.* Wer hat gezeugt? Der Vater. Wer wurde gezeugt? Der Sohn. Was also sagt der Apostel? Jeder, er den Vater liebt, liebt den Sohn. [X, 2]

Wer den Sohn liebt, liebt die Söhne Gottes

Daran erkennen wir, dass wir die Söhne Gottes lieben (1 Joh 5,2). Was bedeutet das, Brüder? Etwas zuvor sprach der Evangelist vom Sohn Gottes, nicht von den Söhnen Gottes: Seht, der eine Christus ist uns zum Betrachten gegeben und es wird uns gesagt: *Jeder der glaubt, dass Jesus der Christus ist, ist aus Gott gezeugt: und jeder, der den liebt, der ihn gezeugt hat,* den Vater, *liebt auch den, der aus ihm gezeugt ist*, den Sohn, unseren Herrn Jesus Christus. Dann folgt: *Daran erkennen wir, dass wir die Söhne Gottes lieben*, wie wenn der Apostel sagen würde: Daran erkennen wir, dass wir den Sohn Gottes lieben; die Söhne Gottes sagte er, der wenig zuvor vom Sohn Gottes sprach. Denn die Söhne Gottes sind der Leib des eingeborenen Sohnes Gottes, und weil er das Haupt und wir die Glieder sind, gibt es nur einen Sohn Gottes. Wer also die Söhne Gottes liebt, liebt den Sohn Gottes, und wer den Sohn Gottes liebt, liebt auch den Vater. Niemand kann den Vater lieben, wenn er nicht den Sohn liebt, und wer den Sohn liebt, liebt auch die Söhne Gottes. Welche Söhne Gottes? Die Glieder des Sohnes Gottes. Und indem er liebt, wird er selbst durch die Liebe ein Glied im Gefüge des Leibes Christi, und es wird ein einziger Christus sein, der sich selbst liebt. Denn wenn die Glieder sich gegenseitig lieben, liebt sich der Leib. *Und wenn ein Glied leidet, so leiden alle Glieder mit, wenn einem Glied Herrliches zuteil wird, so freuen sich alle Glieder mit.* Und was sagt Paulus dann? *Ihr aber seid Christi Leib und seine Glieder* (1 Kor 12,26f.). Etwas zuvor sagte Johannes über die Bruderliebe: *Wer seinen Bruder, den er sieht, nicht liebt, kann nicht Gott lieben, den er nicht sieht. Und dieses Gebot haben wir von ihm: dass, wer Gott liebt, auch seinen Bruder liebt* (1 Joh 4,20). Aber wenn du den Bruder liebst, liebst du dann vielleicht nur den Bruder und

Christus nicht? Wie, wenn du die Glieder Christi liebst? Wenn du also die Glieder Christi liebst, liebst du Christus, wenn du Christus liebst, liebst du den Sohn Gottes, und wenn du den Sohn Gottes liebst, liebst du auch den Vater. Unteilbar ist also die Liebe. Wähle, was du lieben willst, das andere folgt. Sage, ich liebe Gott allein, Gott den Vater. Du lügst; denn wenn du ihn liebst, liebst du ihn nicht allein, sondern wenn du den Vater liebst, liebst du auch den Sohn. Seht, ihr sagt, ich liebe den Vater und den Sohn, aber allein das, Gott den Vater und Gott den Sohn und den Herrn Jesus Christus, der in den Himmel aufgefahren ist und zur Rechten des Vaters sitzt, jenes Wort, durch das alles geworden ist und das Fleisch geworden ist und unter uns gewohnt hat (vgl. Joh 1,2.14), allein das liebe ich. Du lügst, denn wenn du das Haupt liebst, liebst du auch die Glieder; liebst du aber die Glieder nicht, liebst du auch nicht das Haupt. Erschrickst du nicht vor der Stimme des Hauptes vom Himmel, die für ihre Glieder rief: *Saul, Saul, was verfolgst du mich?* (Apg 9,4). Seinen Verfolger nannte er den Verfolger seiner Glieder, seinen Liebhaber den Liebhaber seiner Glieder. Nun wisst ihr, Brüder, wer seine Brüder sind: Das ist die Kirche Gottes. *Daran erkennen wir, dass wir die Kinder Gottes lieben, wenn wir Gott lieben* (1 Joh 5,2). Und wie? Sind nicht die Kinder Gottes und Gott zweierlei? Aber wer Gott liebt, liebt seine Gebote. Und welche sind die Gebote Gottes? *Ein neues Gebot gebe ich euch, dass ihr einander liebt* (Joh 13,34). Niemand entschuldige sich mit der einen Liebe für die andere Liebe. So erhält sich diese Liebe: Wie sie selbst in eines zusammengefügt ist, so macht sie alle, die an ihr festhalten, zu einem, und schmelzt sie gleichsam wie Feuer zusammen. Gold ist da, die Masse wird geschmolzen und wird zu einer Einheit. Aber wenn die Glut der Liebe nicht zündet, kann aus vielen nicht eins gemacht werden. *Dass wir Gott lieben, erkennen wir daran, dass wir die Kinder Gottes lieben.* [X, 3]

Gott wird ohne Anstrengung geliebt

Und woran erkennen wir, dass wir die Söhne Gottes lieben? *Daran, dass wir Gott lieben und seine Gebote halten* (1 Joh 5,2). Wir seufzen hier über der Schwierigkeit, das Gebot Gottes zu halten. Vernimm das Folgende: Mensch, was mühst du dich ab beim Lieben? Etwa beim Lieben der Habsucht. Mühevoll wird geliebt, was du liebst. Gott wird ohne Anstrengung geliebt. Habsucht wird Mühen, Gefahren, Quälereien, Anfechtungen verlangen, und du wirst gehorchen. Mit welchem Ziel? Damit du etwas hast, um die Truhe zu füllen, und die Ruhe verlierst. Ruhiger warst du, bevor du etwas hattest, als nachher mit dem Aufkommen von Besitz. Siehe, was die Habsucht dir befiehlt. Du hast dein Haus voll und fürchtest die Räuber; du hast Gold erworben und den Schlaf verloren. Siehe, was die Habsucht dir befiehlt. Tue es und du hast es getan. Was befiehlt dir Gott? Liebe mich. Du liebst Gold, du wirst Gold suchen und vielleicht keines finden: Wer aber mich sucht, mit dem bin ich. Du liebst die Ehre und wirst vielleicht keine erwerben: Wer hat mich geliebt und ist nicht zu mir gekommen? Gott sagt dir: Einen Schutzherrn oder einen mächtigen Freund willst du dir verschaffen; du wirbst darum durch einen weniger Mächtigen. Liebe mich, sagt Gott zu dir. Zu mir wirst du nicht durch einen anderen geworben; die Liebe an sich macht dich mir gegenwärtig.

Was ist süßer als solche Liebe, Brüder? Nicht ohne Grund habt ihr eben im Psalm gehört: *Es erzählten mir Gesetzesbrecher ihr Geschwätz, aber (es ist) nicht wie dein Gesetz, Herr* (Ps 118,85)[2]. Was ist das Gesetz Gottes? Das Gebot Gottes. Was ist das Gebot Gottes? Jenes neue Gebot, das deshalb neu heißt, weil es neu macht. *Ein neues Gebot gebe ich euch, dass ihr einander liebt* (Joh 13,34). Vernimm, dass das das Gesetz Gottes ist. Der Apostel sagt: *Es trage einer des anderen Last und so werdet ihr das Gesetz Christi erfüllen* (Gal 6,2). Die Vollendung all unserer Werke ist die Liebe. Sie ist das Ziel, deshalb laufen wir, zu ihr hin laufen wir; wenn wir bei ihr angekommen sind, werden wir Ruhe finden. [X, 4]

Das Endziel

Ihr habt im Psalm gehört: *Ein Ende aller Vernichtung sah ich* (Ps 118,96). Was hatte der Psalmist gesehen? Meinen wir, er habe den Gipfel eines hohen und steilen Berges erklommen und umhergeschaut, den Erdkreis und die Kreisbahn des Universums gesehen und deshalb gesagt: *Ein Ende aller Vernichtung sah ich?* Wenn es lobenswert ist, erbitten wir vom Herrn so scharfe leibliche Augen, dass wir den höchsten Berg auf Erden aufsuchen können, von dessen Spitze aus wir ein Ende aller Vernichtung sehen können. Gehe nicht weit: Ich sage dir, steige auf den Berg und sieh das Ziel. Christus ist der Berg, komm zu Christus, und du siehst von dort das Ziel aller Vollkommen-

[2] So lautet das Psalmwort nach der Septuaginta.

heit. Wer ist dieses Ziel? Frage Paulus: *Das Endziel des Gebotes aber ist Liebe aus reinem Herzen und gutem Gewissen und ungeheucheltem Glauben* (1 Tim 1,5), und an anderer Stelle steht: *Die Erfüllung des Gesetzes ist die Liebe* (Röm 13,10). Was ist so sehr Ziel und Ende wie die Fülle? Denn, meine Brüder, der Apostel verwendet lobenswerterweise das Wort Ende. Nicht an Verzehr sollt ihr denken, sondern an Vollkommenheit. Etwas anderes bedeutet: Ich bin mit dem Brot am Ende, oder ich habe das Kleid beendet. Mit dem Brot bin ich essend ans Ende gekommen, und das Kleid habe ich durch Weben an ein Ende gebracht. Ende steht hier, und Ende steht dort: aber das Brot geht zu Ende, indem es gegessen wird, und das Kleid erreicht ein Ende, damit es vollendet ist: Das Brot wird beendet, so dass es nicht mehr da ist, das Kleid wird beendet, damit es vollkommen ist. So versteht das Ende, wenn ihr den Psalm hört: *Am Ende ein Psalm Davids*. Ständig hört ihr das in den Psalmen und sollt wissen, was ihr hört. Was heißt: *am Ende*? *Denn das Ende des Gesetzes ist Christus, zur Gerechtigkeit für jeden, der glaubt* (Röm 10,4). Und was heißt: Das Ende ist Christus? Dass Christus Gott ist und das Ziel des Gebotes die Liebe, und Gott ist Liebe, weil der Vater, der Sohn und der Heilige Geist eins sind. Da ist dein Ziel, überall sonst ist Weg. Bleib auf dem Weg nicht stecken, so dass du nicht zum Ziel kommst. Zu was immer sonst du kommst, geh weiter, bis du ans Ziel gelangst. Was ist das Ziel? *Für mich ist es gut, Gott anzuhangen* (Ps 72,28). Du hast dich mit Gott verbunden, hast den Weg beendet, du wirst im Vaterland bleiben. Habt Acht: Jemand erwirbt Geld, das sei dir nicht Ziel, gehe darüber hinaus weiter wie ein

Fremdling. Versuche weiterzugehen, dort nicht stekken zu bleiben. Liebst du es aber, umgarnt dich die Habsucht, sie wird dir eine Fußfessel werden; du kannst nicht weiter vorankommen. Gehe also weiter und suche das Ziel. Du suchst leibliches Wohlergehen, du willst auch da nicht steckenbleiben. Denn was ist dieses leibliche Wohlergehen, das vom Tod hinweggenommen und von Krankheit geschwächt wird, wertlos, vergänglich, flüchtig? Suche leibliches Wohlergehen, damit nicht vielleicht dein körperliches Leiden deine guten Werke verhindere. Das Endziel ist nicht da, denn es wird um etwas anderen willen gesucht. Was immer um eines anderen willen gesucht wird, ist nicht das Endziel: Was man um seinetwillen und umsonst sucht, ist das Endziel. Du suchst Ehre, vielleicht willst du etwas tun, etwas vollbringen, um Gott zu gefallen; liebe nicht die Ehre als solche, um nicht stecken zu bleiben. Du suchst Lob? Wenn du das Lob Gottes suchst, tust du recht, wenn du dein Lob suchst, handelst du schlecht; du bleibst unterwegs stecken. Aber wirst du geliebt und gelobt: Beglückwünsche dich nicht, wenn du um deinetwillen gelobt wirst: Im Herrn soll man dich rühmen, damit du singen kannst: *Im Herrn empfängt meine Seele Lob* (Ps 33,3). Du hältst eine gute Rede; lobt man deine Rede? Nicht als deine soll sie gelobt werden; da liegt nicht das Ziel. Wenn du dahin das Ziel legst, wirst du am Ende sein, aber nicht, um vollendet zu sein, sondern um verbraucht zu werden. Deine Rede soll also nicht als von dir, als die Deine gelobt werden. Aber wie soll sie gelobt werden? Wie steht es im Psalm: *Gott will ich preisen ob seiner Rede, ob seines Wortes preisen den Herrn.* Was folgt, geschehe auch an dir: *Auf Gott habe ich meine Hoffnung gesetzt, ich fürchte mich nicht, was könnten mir Menschen antun* (Ps 55,11). Denn wenn das Deine in Gott gelobt wird, brauchst du nicht zu fürchten, dass dein Lob verloren geht, denn Gott geht nicht verloren. Also gehe weiter über das Lob hinaus. [X, 5]

Die Weite des Gebotes

Seht, Brüder, wie lange wir weitergehen, worin kein Ziel liegt. Wir bedienen uns dieser Dinge gleichsam unterwegs; in gleichsam einfachen Unterkünften werden wir erquickt und gehen weiter. Wo also ist das Ziel? *Geliebte, wir sind Kinder Gottes? Und es ist noch nicht zutage getreten, was wir sein werden,* heißt es in diesem Brief (1 Joh 3,2). Noch sind wir also unterwegs, noch werden wir wohin auch immer kommen, wir müssen weitergehen, bis wir zum Ziel kommen. *Wir wissen aber, dass wir, wenn er zutage tritt, ihm gleich sein werden, denn wir werden ihn sehen, wie er ist* (1 Joh 3,2). Das ist das Ziel: der ewige Lobpreis, das immerwährende Halleluja. Denn dieses Ziel wurde ja im Psalm genannt: *Aller Vollkommenheit Ziel sah ich.* Als würde gleichsam einer fragen: Welches Ziel hast du gesehen? *In endlose Weiten reicht dein Gebot* (Ps 118,96). Das ist das Ziel: die Weite des Gebots. Die Weite des Gebots ist die Liebe, denn wo die Liebe ist, herrscht keine Enge. In eben dieser Weite befand sich der Apostel, als er sagte: *Unser Mund hat sich euch gegenüber aufgetan, ihr Korinther, unser Herz hat sich weit erschlossen. Ihr habt nicht engen Raum in uns* (2 Kor 6,11f.). Deshalb also *reicht dein Gebot in endlose Weiten.* Welches Gebot ist das? *Ein neues Gebot gebe ich euch, dass ihr einander liebt* (Joh 13,34). Die Liebe kennt keine Enge. Du willst auf dieser Erde nicht eingeengt werden? Wohne in der Weite. Was immer dir ein Mensch auch zufügt, es engt dich nicht ein, denn du liebst jenes, was kein Mensch beschädigen kann: Du liebst Gott, die Brüderlichkeit, das Gesetz Gottes, die Kirche Gottes liebst du, sie wird ewig bestehen. Auf Erden arbeitest du, aber du wirst die verheißene Frucht erlangen. Wer nimmt dir, was du liebst? Wenn niemand dir nimmt, was du liebst, schläfst du sorglos, ja, du wachst sorglos, damit du im Schlaf nicht verlierst, was du liebst. Denn nicht umsonst heißt es: *Erleuchte meine Augen, damit ich nicht in den Tod entschlafe* (Ps 12,4). Die ihre Augen gegen die Liebe verschließen, entschlafen in den Begierden fleischlicher Gelüste. Bleib also wach. Gelüste sind Essen, Trinken, Schwelgen, Spielen, Jagen[3]: Diesem leeren Prunk folgen alle Übel. Wissen wir vielleicht nicht, dass das Gelüste sind? Wer will leugnen, dass sie Lust bereiten? Aber das Gesetz Gottes wird mehr geliebt. Gegen solche Ratgeber rufe: *Es erzählten mir die Frevler von ihren Gelüsten, aber sie sind nicht wie dein Gesetz, Herr.* Diese Lust bleibt. Sie bleibt nicht nur, wohin du kommst, sondern ruft auch den zurück, der vor ihr flieht. [X, 6]

Bruderliebe – Feindesliebe

Darin besteht die Liebe zu Gott, dass wir seine Gebote halten (1 Joh 5,3). Ihr habt schon vernommen: *An diesen zwei Geboten hängt das ganze Gesetz und die Propheten* (Mt 22,40). Wie wollte dich der Apostel durch

[3] Gegen diese Begierden seiner Gemeinde kämpfte der Kirchenvater Zeit seines Lebens.

die viele Seiten nicht verunsichern? *An diesen zwei Geboten hängt das ganze Gesetz und die Propheten.* An welchen beiden Geboten? *Du sollst den Herrn, deinen Gott, lieben, mit deinem ganzen Herzen und mit deiner ganzen Seele und mit deinem ganzen Denken,* und: *Du sollst deinen Nächsten lieben wie dich selbst. An diesen beiden Geboten hängt das ganze Gesetz und die Propheten* (Mt 22,37-40). Eben von diesen Geboten spricht dieser ganze Brief. Haltet also an der Liebe fest, und ihr seid sorglos. Was fürchtest du dich, einem anderen Böses zu tun? Wer tut denn dem Böses, den er liebt? Liebe, dann kannst du nur Gutes tun. Aber vielleicht züchtigst du? Das tut die Liebe, nicht die Wut. Aber vielleicht schlägst du? Als Disziplin machst du das; eben die Liebe (amor) zur Liebe (dilectio) erlaubt keine Vernachlässigung des Disziplinlosen. Gewissermaßen verschieden und entgegengesetzt ist die Frucht, dass der Hass schmeichelt und die Liebe zürnt. Ich weiß nicht, wer seinen Feind hasst und ihm gegenüber Freundschaft vorgibt: Er sieht ihn etwas Böses tun und lobt ihn: Dann will er, dass er stürzt, blind auf den gefährlichen Wegen seiner Begierden geht, um von dort vielleicht nicht zurückzufinden. Er lobt: *Denn der Sünder rühmt sich der Begierden seiner Seele* (Ps 9,24). Die Salbe seiner Schmeichelei wendet er für ihn an: Seht, er hasst und lobt. Ein anderer sieht seinen Freund so etwas Ähnliches machen und ruft ihn zurück. Hört der ihn nicht, verwendet er auch Worte der Züchtigung: Er schimpft, streitet: bisweilen ist er gezwungen zu streiten. Seht, der Hass schmeichelt, die Liebe streitet. Achte nicht auf die Worte des Schmeichlers und den Zorn des Schimpfenden. Schau auf das Herz, suche die Wurzel, aus der diese Regungen stammen. Der eine schmeichelt, um zu täuschen, der andere streitet, um zu bessern. Es ist nicht notwendig, meine Brüder, dass euer Herz durch uns geweitet werde; bittet Gott, dass ihr einander liebt. Liebt alle Menschen, auch eure Feinde, nicht weil sie Brüder sind, sondern damit sie Brüder seien, dass ihr immer in brüderlicher Liebe glüht, entweder gegenüber dem gewonnenen Bruder oder gegenüber dem Feind, dass er durch die Liebe zum Bruder werde. Wo auch immer ihr euren Bruder liebt, liebt ihr einen Freund. Er ist schon mit dir, verbunden in der katholischen Einheit. Wenn du redlich lebst, liebst du den, der vom Feind zum Bruder geworden ist. Aber du liebst einen, der noch nicht an Christus geglaubt hat oder an Christus wie die Dämonen geglaubt hat; du weist seine Eitelkeit zurück. Du liebe nur, liebe mit brüderlicher Liebe: Er ist noch nicht dein Bruder, aber du liebst ihn, damit er dein Bruder sei. Unsere ganze brüderliche Liebe richtet sich also an Christen, an alle Glieder Christi. Die Ausübung der Liebe, meine Brüder, ist Stärke, Blüte, Frucht, Schönheit, Anmut, Nahrung, Speise, Umarmung ohne Sättigung. Wenn sie uns schon als Fremdlinge erfreut, wie werden wir uns erst an ihr im Vaterland freuen? [X, 7]

Haupt und Leib sind eins

Eilen wir also, meine Brüder, eilen wir, und lieben wir Christus. Welchen Christus? Jesus Christus. Wer ist dieser? Das Wort Gottes. Und wie kam er zu den Kranken? *Und das Wort ward Fleisch und wohnte unter uns* (Joh 1,14). Erfüllt hat sich also die Verheißung der Schrift: *Christus werde leiden und am dritten Tag von den Toten auferstehen* (Lk 24,46). Wo liegt sein Leib? Wo mühen sich seine Glieder? Wo musst du sein, um unter dem Haupt zu sein? *In seinem Namen soll, beginnend in Jerusalem, Umkehr und Vergebung der Sünden allen Völkern verkündet werden* (Lk 24,47). Dort breite sich deine Liebe aus. Das sagt Christus und der Psalm, also der Geist Gottes: *Sehr weit reicht dein Gebot.* Ich weiß nicht, wer die Grenzen der Liebe in Afrika zieht[4]! Dehne deine Liebe über den ganzen Erdkreis aus, wenn du Christus lieben willst, denn die Glieder Christi sind über den ganzen Erdkreis zerstreut. Liebst du nur einen Teil, bist du getrennt, nicht am Leib und nicht unter dem Haupt. Was nützt es dir, dass du glaubst und zugleich schmähst? Du betest Christus als das Haupt an und schmähst seine Glieder. Er liebt seinen Leib. Auch wenn du dich von seinem Leib gelöst hast, das Haupt trennt sich nicht von seinem Leib. Grundlos ehrst du mich, ruft dir das Haupt von oben zu; grundlos ehrst du mich. Wie wenn einer dir das Haupt küssen und auf die Füße treten wollte: Vielleicht würde er mit Nägeln beschlagenen Schuhen deine Füße zerdrücken, im Verlangen, dein Haupt festzuhalten und zu küssen. Würdest du nicht inmitten der Worte dessen, der dich ehrt, laut schreien: Was tust du, Mensch? Du trittst mich. Du würdest nicht sagen: Tritt mein Haupt, denn er ehrte es. Sondern vielmehr würde das Haupt

[4] Ein erneuter Hinweis auf die Donatisten, die hauptsächlich in Nordafrika verbreitet waren. Henri de Lubac, *Glauben,* a.a.O., 47, wirft ihrem Sektengeist örtlichen Partikularismus vor. Hans Christian Schmidbaur, *Augustinus begegnen*, Augsburg (Sankt Ulrich Verlag) 2003, 55, betont daneben ihre Tendenz zum Subjektivismus und zum Individualismus.

für die zertretenen Glieder schreien als für sich aufgrund der Ehrung. Schreit das Haupt nicht: Ich will deine Ehre nicht, tritt mich nicht? Du, sag schon, wenn du kannst: Warum habe ich dich getreten? Sag dem Haupt: Ich wollte dich küssen, umarmen. Aber du siehst nicht, du Narr, dass das, was du umarmen willst, aufgrund einer gewissen Struktur mit dem eins ist, was du trittst. Oben ehrst du mich, unten trittst du mich. Mehr schmerzt mich, was du trittst, als dass mich freut, was du ehrst, denn was du ehrst, leidet für die, die du trittst. Wie ruft die Zunge? Es schmerzt mich. Sie sagt nicht, mein Fuß schmerzt, sondern es schmerzt mich. O Zunge, wer hat dich angerührt, wer geschlagen? Wer hat dich gequält, wer gestochen? Niemand, aber ich bin mit denen verbunden, die geschlagen werden. Wie sollte ich da keinen Schmerz empfinden, wenn ich von ihnen nicht getrennt bin? [X, 8]

Himmelfahrt: Das Haupt empfahl seinen Leib

Als unser Herr Jesus Christus am vierzigsten Tag in den Himmel auffuhr, empfahl er seinen Leib, wo er liegen sollte, denn er sah, dass viele ihn verehren würden, weil er zum Himmel auffuhr, und zugleich, dass die Verehrung nutzlos ist, wenn sie seine Glieder auf Erden misshandelt. Und damit keiner sich irre und während der Verehrung des Hauptes im Himmel die Füße auf Erden trete, sagte er, wo seine Glieder wären. Während seiner Aufnahme in den Himmel sprach er die letzten Worte, danach sprach er nicht mehr auf Erden. Bei seiner Himmelfahrt empfahl das Haupt seine Glieder auf Erden und schied. Auf Erden hörst du Christus nicht mehr sprechen, aber vom Himmel her. Warum vom Himmel? Weil seine Glieder auf Erden getreten wurden. Dem Verfolger Paulus rief er von oben zu: *Saul, Saul, warum verfolgst du mich?* (Apg 9,4). Ich bin in den Himmel aufgefahren, aber noch immer bin ich auf Erden. Hier sitze ich zur Rechten des Vaters; dort hungere ich, leide an Durst und bin ein Fremdling. Wie empfahl er bei seiner Himmelfahrt seinen Leib auf Erden? Als die Jünger ihn fragten: *Herr, stellst du in dieser Zeit das Reich für Israel wieder her,* antwortete er ihnen im Scheiden: *Euch gebührt es nicht, Zeit oder Stunde zu wissen, die der Vater nach seiner eigenen Macht festgesetzt hat. Aber ihr werdet die Kraft empfangen, wenn der Heilige Geist über euch kommt, und werdet meine Zeugen sein.* Seht, wohin er seinen Leib verteilt, seht, wo er nicht getreten sein will. *Ihr werdet meine Zeugen sein in Jerusalem, in ganz Judäa und Samarien und bis ans Ende der Erde* (Apg 1,6-8). Seht, wo ich bin, der in den Himmel auffährt: Ich fahre auf, weil ich das Haupt bin: Mein Leib ist immer noch da. Wo ist er? Auf der ganzen Erde. Hüte dich, ihn zu schlagen, ihn zu verletzen, zu peinigen: Das sind die letzten Worte Christi, bevor er in den Himmel auffuhr. Stellt euch einen Mann vor, der in seinem Haus im Bett liegt, entkräftigt von Krankheit, dem Tod nahe, der um Luft ringt und seine Seele gleichsam schon zwischen den Zähnen hat, der vielleicht um eine ihm teure Sache in Sorge ist, die er sehr schätzt und die ihm in den Sinn kommt, dieser Mann ruft seine Erben und sagt: Ich bitte euch, tut das. Er hält gleichsam mit Gewalt seine Seele zurück, damit sie nicht entweiche, bevor diese Worte bestätigt werden. Kaum hat er die letzten Worte gesprochen, haucht er die Seele aus:

Der Leichnam wird zu Grabe getragen. Wie werden sich die Erben an die letzten Worte des Sterbenden erinnern? Wie wenn einer erschiene und ihnen sagte: Tut das nicht! Was würden sie ihm antworten? Ich soll also nicht tun, was mein Vater mir zuletzt auftrug, als er seine Seele aushauchte, was als Letztes mir zu Ohren kam, als mein Vater von dieser Welt ging? Jedes beliebige seiner Worte kann ich anders verstehen; die letzten Worte binden mich mehr: Ich sah ihn nicht mehr, hörte ihn nicht mehr sprechen.

Brüder, bedenkt das in eurem christlichen Inneren. Wenn die Worte dessen, der ins Grab kam, den Erben so angenehm, so willkommen, so gewichtig sind, wie müssen da für die Erben Christi die letzten Worte dessen sein, der nicht ins Grab zurückkehrte, sondern in den Himmel auffuhr! Jener lebte und ist gestorben; seine Seele wird an einen anderen Ort entführt, sein Leib wird in die Erde gelegt. Ob seine Worte vollzogen werden oder nicht, betrifft ihn nicht mehr; schon tut er anderes oder leidet anderes: Entweder freut er sich in Abrahams Schoß, oder er ersehnt im ewigen Feuer einen Tropfen Wasser (vgl. Lk 16,22ff.), sein Leichnam aber liegt empfindungslos im Grab. Doch die letzten Worte des Sterbenden werden bewahrt. Was erhoffen sich jene, die die letzten Worte dessen nicht bewahren, der im Himmel sitzt und von oben sieht, ob man sie verachtet oder nicht verachtet? Der gesprochen hat: *Saul, Saul, warum verfolgst du mich?* (Apg 9,4), der spart für das Gericht alles auf, was er seine Glieder leiden sieht. [X, 9]

BEWAHRE FRIEDEN MIT DEINER HERRIN

Und was haben wir getan? fragen sie; wir haben Verfolgung erlitten, nicht verübt. Ihr Elenden, ihr habt Verfolgung verübt, vor allem, weil ihr die Kirche geteilt habt. Das Schwert der Zunge ist stärker als das aus Eisen. Hagar, die Magd Saras, war hochmütig und wurde von ihrer Herrin hart behandelt wegen ihres Stolzes. Das war Erziehung, keine Strafe. Als sie ihre Herrin verlassen hatte, was sagte ihr da der Engel? *Kehre zurück zu deiner Herrin* (Gen 16,9). So also, fleischliche Seele, wenn du, wie die hochmütige Magd, vielleicht einige Mühen zugunsten deiner Erziehung ertragen hast, warum reagierst du wütend? Kehre zurück zu deiner Herrin, halte den Frieden des Herrn. Seht, die Evangelien werden gebracht, wir hören, wie weit die Kirche verbreitet ist: Man streitet darüber und nennt uns Auslieferer.[5] Auslieferer wovon? Christus empfiehlt seine Kirche, und du glaubst nicht: Werde ich dir glauben, wenn du meinen Verwandten übel nachredest? Du willst, dass ich dir hinsichtlich der Auslieferer glaube? Glaube du zuerst an Christus. Was ist angemessen? Christus ist Gott, und du bist ein Mensch, dem soll man zuerst glauben? Christus hat seine Kirche über dem ganzen Erdkreis verbreitet; das sage ich, du kannst dich darüber hinwegsetzen. Das Evangelium spricht, hab Acht. Was sagt das Evangelium? *Christus musste lei-*

[5] Auslieferer sind die Christen, denen man vorwarf, die heiligen Schriften während der Christenverfolgung den heidnischen Richtern ausgeliefert zu haben. Vgl. Hermenegild M. Biedermann, *Unteilbar,* a.a.O., 175, 177. Dieser Akt, so meinte man, zeuge von einem Mangel an Glauben, Treue und Standfestigkeit der katholischen Bischöfe gegenüber der Catholica.

den und am dritten Tag von den Toten auferstehen und in seinem Namen muss Umkehr und die Vergebung der Sünden verkündet werden (Lk 24,46f.). Wo Vergebung der Sünden ist, da ist Kirche. Warum Kirche? Ihr wird doch gesagt: *Ich gebe dir die Schlüssel des Reiches der Himmel; und was du auf Erden lösen wirst, wird auch im Himmel gelöst sein und was du auf Erden binden wirst, wird auch im Himmel gebunden sein* (Mt 16,19). Bis wohin reicht die Vergebung der Sünden? *Bis zu allen Völkern, beginnend mit Jerusalem* (Lk 24,47). Glaube also Christus. Aber weil du einsiehst, dass du, wenn du Christus glaubest, nichts gegen die Auslieferer sagen könntest, willst du, dass ich dir, der du meinen Verwandten übel nachredest, eher glaube, als dass du den Weisungen Christi glaubst.[6] [X, 10]

[6] Mit der Auslegung von 1 Joh 5,3 enden die Predigten zum Ersten Johannesbrief. Man weiß nicht, ob Augustinus hier abgebrochen hat oder ob anschließende Texte verloren gegangen sind.

BIBLIOGRAPHIE

I. Textausgaben und Übersetzungen

Santi Aurelii Augustini, In Epistolam, Joanis ad Part mos tractatus X., PL 35, Sp. 1977-2062, 1841.

Sant'Agostino, Commento alla 1ª Lettera di Giovanni, a cura di Giuglio Madurini, Roma (Città Nuova) 2005.

Agustín de Hipona, Tractatus in Epistolam Joannis ad Parthos. Tradujeron Teodoro H. Martín y José María Hernández sobre el original latino Tractatus in Epistolam Joannis ad Parthos. Introducción de Teodoro H. Martín, Salamanca / España (Ediciones Sígueme) 2002.

Augustin, Ten homilies on the first epistle of John, translated by Rev. H. Browne, in: A select Library of the Nicene and Post-Nicene Fathers of the Christian Church = NPNF. Vol 7, Peabody Massachusetts (Hendrickson) [2]1995, 459-529.

Augustinus, Unteilbar ist die Liebe. Predigten des heiligen Augustinus über den ersten Johannesbrief. Eingeleitet und übersetzt von Hermengild M. Biedermann OSA, Würzburg (Augustinus-Verlag) 1986.

Paul Agaësse, Commentaire de la Première Épître de S. Jean. Texte Latin, Introduction, Traduction et Notes, Paris (Les Éditions du Cerf) Paris 1961.

Fritz Hofmann, Gott ist die Liebe. Die Predigten des Heiligen Augustinus über den ersten Johannesbrief, übersetzt und eingeleitet, Freiburg (Verlag Herder) [3]1954.